La Vida llena de Fruto

Mónica E. Mastronardi de Fernández

Iglesia del Nazareno
Región Mesoamérica

· DISCIPULADO ·
abcde
crecimiento en santidad

Nivel C - Crecimiento en Santidad
Jóvenes/Adultos

Título: La vida llena de fruto

Libro de "Discipulado ABCDE"
Etapa C - Crecimiento en santidad
Serie: Llenos del Espíritu
Guía de estudio para Jóvenes/Adultos

Autor: Mónica Mastronardi de Fernández
Edición: Dra. Mónica Mastronardi de Fernández
Revisor: Rubén E. Fernández

Material producido por: Iglesia del Nazareno, Región Mesoamérica
Ministerio de Discipulado y Escuela Dominical
www.Discipulado.MesoamericaRegion.org
www.MieddRecursos.MesoamericaRegion.org

Publica y distribuye
Asociación Región Mesoamérica
Av. 12 de Octubre Plaza Victoria Locales 5 y 6
Pueblo Nuevo Hato Pintado
Ciudad de Panamá
Tel. (507) 203-3541
E-mail: literatura@mesoamericaregion.org

Copyright © 2019 - Derechos reservados

ISBN: 978-1-63580-123-1

Todas las citas son tomadas de la Reina - Valera (RV) 1960 por la Sociedad
Bíblica Internacional, a menos que se indique lo contrario.

Diseño: Juan Manuel Fernández (www.betterworldagency.com)
Imagen de portada por Trey Jones

Imágenes de portada usada con permiso bajo licencia de Bienes Comunes (Abstracto/Quito)

Impreso en EE.UU.

Índice de Contenidos

Presentación

La vida del cristiano es un caminar continuo en el proceso de discipulado, en el cual nuestro ser entero es moldeado conforme al carácter de Jesucristo por el Espíritu Santo. Todos los que hemos "nacido de nuevo", necesitamos participar de este proceso de formación para que podamos llegar a ser cristianos maduros y santos en todas las áreas de nuestra vida.

Este volumen que lleva por título: *La vida llena de fruto*, es el tercero de una serie de tres volúmenes que completan los estudios básicos para el nivel C del plan de Discipulado ABCDE de la Iglesia del Nazareno en la Región Mesoamérica. La serie lleva por nombre: *Llenos del Espíritu* y abarca 9 meses de estudio. Cada libro contiene 13 lecciones de discipulado enfocadas en las necesidades de consolidación y crecimiento de las personas que han sido incorporadas recientemente a la membresía de la iglesia local.

Estas lecciones se han escrito pensando en el maestro discipulador y en la forma en que él o ella debe instruir al grupo de nuevos miembros, a fin de que la enseñanza sea interesante, dinámica y aplicable a sus vidas. Estos libros presentan la doctrina y la práctica de la vida de santidad en un lenguaje sencillo, práctico y a la vez conectado con las ideas del mundo contemporáneo. La vida santa se estudia enfatizando:

a. Los cambios naturales y progresivos que son producidos en el cristiano como resultado de la acción del Espíritu Santo en su vida. Cambios que son observables no solo por él mismo, sino por todos cuantos le rodean.

b. La vida llena del amor de Dios como requisito indispensable para servir al Señor y a nuestros semejantes.

c. La transformación progresiva y total de la vida del cristiano conforme al modelo de Jesucristo.

Este tercer libro de la serie *La vida llena de Fruto*, tiene el propósito de proveer herramientas al creyente para cultivar el fruto del Espíritu Santo en su vida y así experimentar personalmente la plenitud del amor de Dios y al mismo tiempo, ser una luz reflejando ese amor lleno de gracia, justicia y verdad en su hogar, en su iglesia y en la sociedad. Cada lección presenta una nueva oportunidad para que Dios continúe obrando y transformando la mente, los afectos y el estilo de vida del discípulo de Cristo, por medio del estudio de la enseñanza bíblica, ejemplos e ilustraciones, ejercicios de auto evaluación, reflexión, toma de decisiones y el establecimiento de nuevas metas para el crecimiento espiritual.

Es mi oración que estas lecciones ayuden a los miembros de nuestras iglesias a comprender y vivir más al estilo de vida santa de nuestro amado Salvador Jesucristo.

Rev. Monte Cyr
Coordinador de Ministerios de Discipulado
Región Mesoamérica

¿Qué es el Discipulado ABCDE?

En la Iglesia del Nazareno creemos que hacer discípulos a imagen de Cristo en las naciones es el fundamento de la obra misional de la Iglesia y la responsabilidad principal de su liderazgo (Efesios 4:7-16). La labor de discipulado es continua y dinámica, es decir el discípulo nunca deja de crecer a semejanza de su Señor. Este proceso de crecimiento, cuando es saludable, ocurre en todas dimensiones: en la dimensión individual (crecimiento espiritual), en la dimensión corporativa (incorporación a la congregación), en la dimensión santidad de vida (transformación progresiva de nuestro ser y hacer conforme al modelo de Jesucristo) y en la dimensión servicio (invertir la vida en el ministerio).

El plan de discipulado ABCDE ha sido diseñado para contribuir a la formación integral de los miembros de las iglesias del Nazareno en la Región Mesoamérica. En el año 2001 comenzó la publicación de materiales para cubrir todos los niveles. Los tres libros de la serie *Llenos del Espíritu* corresponden la serie básica para el Nivel C y han sido diseñados para aquellos que habiendo pasado por los anteriores niveles de discipulado con los materiales *Nueva Vida en Cristo* y *Claves para la Vida Cristiana Abundante* (Nivel B1 y B2), han sido incorporados a la membresía de la iglesia.

Los libros de la serie *Llenos del Espíritu* tienen el propósito de guiar al nuevo miembro de la iglesia en su formación integral a semejanza de Jesucristo. Mientras avanza en el estudio de estos materiales el cristiano o cristiana va descubriendo aquellas áreas de su vida que Jesucristo quiere transformar, para que el Espíritu Santo de amor pueda llenar todo su ser. La vida llena del Espíritu es el requisito indispensable para que cada hijo o hija de Dios pueda realizar el plan especial que Dios tiene para su vida.

· DISCIPULADO ·
abcde
iglesia del nazareno

Dra. Mónica Mastronardi de Fernández
Editora General Discipulado ABCDE
Iglesia del Nazareno - Región Mesoamérica

· DISCIPULADO ·
abcde
iglesia del nazareno

Nivel A | Acercamiento

Evangelismo.

Nivel B | Bautismo y Membresía

Discipulado para nuevos creyentes.

Nivel C | Crecimiento en Santidad

Discipulado "Llenos del Espíritu."

**Nivel D1
Desarrollo Ministerial**

Escuela de Liderazgo

**Nivel D2
Desarrollo Profesional**

Carreras especializadas en instituciones teológicas.

Nivel E | Educación para la Vida y el Servicio

Crecimiento integral a semejanza de Cristo.
Viviendo como discípulos semejantes a Cristo,
haciendo discípulos semejantes a Cristo.

¿Cómo usar este libro?

El libro que tiene en sus manos pertenece a una serie de 3 volúmenes sobre el tema "Llenos del Espíritu". Los libros se han diseñado para ser estudiados en el siguiente orden:

1. La Vida llena del Espíritu
2. La Mente reenfocada en Cristo
3. La Vida llena de Fruto

El objetivo de esta serie es ayudar a los miembros de las iglesias del Nazareno a conocer la enseñanza bíblica sobre la vida santa y llevarla a la práctica en su diario vivir, a fin de crecer a semejanza de Jesucristo.

¿Cuánto tiempo abarca el estudio del libro?

Cada libro contiene 13 lecciones. Si puede estudiar una por semana el estudio completo tendrá una duración de 3 meses. Algunos grupos por cuestiones de tiempo prefieren ir más despacio y dedicar dos semanas al estudio de cada lección. En ese caso el estudio del libro llevará 26 semanas (unos 6 meses). Recuerde que el objetivo del discipulado no es correr para completar un libro, sino crecer a la semejanza de Jesucristo, y para crecer necesitamos estudiar, comprender y llevar las nuevas enseñanzas a la vida. De manera que planificar el tiempo para el estudio de cada libro con anterioridad es muy importante, para asegurar el aprendizaje progresivo de los discípulos.

Por su diseño didáctico los libros se pueden utilizar en diferentes modalidades, ya sea en grupos pequeños o bien en clases de un mayor número de personas.

¿Qué contienen las lecciones?

Cada lección contiene lo siguiente:

- Objetivos: Se formulan los objetivos de aprendizaje que se espera que el alumno alcance al terminar el estudio de la lección.

- Recursos: Se incluyen ideas para ilustrar y hacer más interesante el aprendizaje.

- Introducción: Se introduce el tema de estudio de manera interesante para despertar el interés y la participación de los alumnos.

- Estudio bíblico: Esta es la sección mas extensa pues es el desarrollo de los contenidos de la lección. Estas lecciones se han escrito pensando en que el libro es el maestro, por lo que su contenido se expresa en forma dinámica, en lenguaje sencillo y conectado con las ideas del mundo contemporáneo. En esta sección se incluyen notas al maestro para recordarle los ejercicios de la Hoja de Actividades que los alumnos deben ir completando a medida que se desarrollan los contenidos de la lección.

- Resumen de la enseñanza principal de los pasajes estudiados: En un recuadro al final se provee un resumen breve de lo aprendido en la lección. Este resumen es muy útil para usar al final de la clase como cierre y/o en la siguiente sesión para recordar los temas tratados.

- Definición de términos claves: Esta sección tiene el propósito de aclarar o ampliar el significado de algunos términos que contiene la lección.

- Hoja de actividades: Al final de cada lección se ubica esta página con actividades de aprendizaje individuales o grupales relativas al tema estudiado. El diseño de esta página permite hacer copias para los estudiantes, aunque lo más recomendable es que cada participante tenga una copia del libro.

- Lecturas recomendadas: Al final de la "Hoja de Actividades" se incluyen lecturas bíblicas relativas a los temas estudiados, que alumnos y maestro pueden usar en sus devocionales durante la semana.

¿Cuál es el rol del alumno?

El alumno es responsable de:

1. Adquirir el libro y estudiar cada lección antes de cada clase. Esto es lo más recomendable, dependiendo de las posibilidades de cada iglesia.
2. Asistir puntualmente a las clases.
3. Participar en las actividades en clase completando la "Hoja de Actividades".
4. Poner en práctica en su vida las enseñanzas de la Palabra.

¿Cuál es el rol del maestro o maestra del curso?

1. Prepararse con anterioridad estudiando el contenido de la lección y programando el uso del tiempo en clase. Al estudiar la lección deberá tener a mano la Biblia y un diccionario para consultas. Pondrá atención al vocabulario que se usa en las lecciones, para explicar en palabras sencillas lo que considere de difícil comprensión a sus alumnos y alumnas.

2. Permitir que el Espíritu Santo transforme su vida y poner en práctica las enseñanzas que son nuevas, a fin de ser ejemplo a sus alumnos.

3. Orar cada día para que los objetivos de cada lección se hagan realidad en la vida de sus discípulos y discípulas. Orar por las necesidades específicas de cada uno de ellos y ellas.

4. Sacar copias de la "Hoja de actividades" para todos los alumnos. Completar las actividades con anterioridad para familiarizarse con los ejercicios.

5. Preparar los recursos didácticos con suficiente antelación.

6. Relacionarse con los discípulos y discípulas fuera de clase. Estas lecciones tienen el objetivo de transformar la vida de las personas conforme al modelo de Jesús. Converse con ellos y ellas para conocer cómo están aplicando en sus vidas las enseñanzas y para saber cómo puede ayudarles.

¿Cómo enseñar una clase?

La duración de una lección tiene un tiempo estimado de 90 a 120 minutos dependiendo de la cantidad de alumnos y su participación. Si hay copias suficientes del libro los alumnos podrán leer la lección con anterioridad.

En el desarrollo de la lección se incluyen indicaciones para las actividades en que los alumnos participan, tales como lecturas de la Biblia, preguntas de discusión o ejercicios para completar de la Hoja de Actividades.

Ya sea que escojan estudiar una lección por semana o una lección en dos semanas, recomendamos distribuir el tiempo de la siguiente manera (para 90 minutos de clase):

- 5 minutos: Bienvenida, enlace con el tema de la lección anterior y orar juntos.
- 10 minutos: Introducción al tema de la lección.
- 60 minutos: Desarrollo de la lección. Se recomienda usar medios visuales como pizarra, gráficos, dibujos, objetos, láminas, entre otros y fomentar la participación de los estudiantes por medio de preguntas; asignar a los alumnos que presenten una parte de la lección, etc.
- 10 minutos: compartir testimonios y tiempo de oración por los asuntos surgidos en la lección (desafíos, situaciones personales, problemas, metas, agradecimiento, entre otros).
- 5 minutos: Anuncios, despedida y saludos.

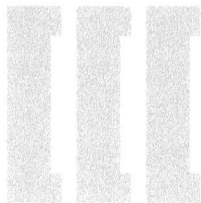

Los discípulos se conocen por sus frutos
LECCIÓN 1

Objetivos de la lección

Que el alumno...

- **Comprenda** que la vida llena del Espíritu es fructífera.
- **Reflexione** sobre las consecuencias de vivir una vida cristiana improductiva.
- **Rechace** la tentación de adoptar una vida cristiana sin compromiso.
- **Escoja** caminar por la vida cristiana en una relación mutua de amor con Jesucristo.

Recursos

- Ramas tiernas y flexibles de un árbol frutal, como limonero o mango u otro, mejor si tiene flores o pequeños frutos.
- Uvas, pasas de uvas o jugo de uva.

En el primer libro de esta serie de discipulado *Llenos del Espíritu* estudiamos que la vida cristiana es una de crecimiento constante, en la cual se aprende paso a paso a vivir como Cristo. En el segundo libro *La mente reenfocada en Cristo*, aprendimos que este desarrollo implica ser moldeados a semejanza de Cristo en nuestra mente, en nuestros afectos (corazón) y en nuestra conducta. En este trimestre vamos a estudiar acerca de cómo vivir una vida fructífera como discípulos y discípulas de Jesucristo.

En la Palabra encontramos mucha enseñanza acerca de cómo vivir una vida cristiana provechosa, no sólo para nosotros mismos, sino también para que nuestra vida sea una fuente de bendición a otros y de esta manera podamos contribuir a la extensión del reino de Dios.

Jesús era un maestro muy hábil en el uso de parábolas para transmitir una enseñanza y así lograba que ésta se fijara en la vida de sus oyentes, quienes luego de escucharle, seguían meditando acerca de las implicaciones de dichas enseñanzas para sus vidas. Para lograr este propósito, Jesús escogía imágenes visuales que su audiencia conocía muy bien.

Este método revolucionario de enseñanza era muy efectivo, para una población donde apenas el 3 por ciento podía leer y escribir en las áreas rurales. La mayor parte de la educación se transmitía de los padres a los hijos por vía oral y por medio de la observación y la imitación. La enseñanza de la lectura y escritura se hacía en las escuelas de las sinagogas, donde solo los niños varones asistían entre los 5 y los 15 años, con el propósito de estudiar los libros del Antiguo Testamento, especialmente los cinco libros del Pentateuco. En las ciudades comerciales, el porcentaje de alfabetizados podía llegar al 15 por ciento.

Las ilustraciones que Jesús escogió no fueron tomadas al azar, sino seleccionadas con mucho cuidado, para que la enseñanza se fijara en la memoria de su audiencia. La mayoría de las veces, Jesús no explicaba el significado de estas imágenes, sino que esperaba que sus oyentes fueran descubriendo cada detalle, al meditar una y otra vez en lo que habían oído. En algunas ocasiones, su audiencia, al no estar acostumbrada a sus métodos innovadores de enseñanza, le pedían al Maestro que explicara el significado porque no lograban hacer por sí mismos la conexión con sus vidas, como ocurrió, por ejemplo, con la parábola del sembrador y con la del trigo y la cizaña (Juan 13:1-43). En estas ocasiones, Jesús con gran amor y paciencia les ayudaba a comprender su significado.

En esta lección analizaremos una de estas figuras que Jesús empleó en sus enseñanzas, la cual revela los principios que sustentan la vida plena que Jesús espera de sus discípulos y discípulas. Jesús creó esta metáfora de las plantas o árboles que producen alimento en la forma de semillas y frutos.

||| Pida a los alumnos que lean al unísono Juan 15:2. |||

⋯⋯⋯o Muestre a la clase las ramas y pida a los alumnos que mientras las observan, usando sus sentidos, completen la actividad 1.

De una rama como estas habló Jesús. Un pámpano es una rama tierna y flexible de una planta, arbusto o un árbol, de donde salen los frutos. Veamos entonces cómo esta ramita nos enseña acerca de cómo ser discípulos y discípulas más productivos para el reino de Dios.

Estudio Bíblico

1. Nutrición y productividad

Jesús escoge la planta de la vid, una planta que abundaba en aquellos días en toda la tierra de Palestina, para que sus discípulos comprendieran que la vida cristiana, lejos de ser estéril, improductiva, ociosa, árida, debe ser una vida fértil, provechosa, fecunda y laboriosa.

||| Pida a un alumno que lea Juan 15: 1-10. |||

Hay grandes revelaciones en esta metáfora acerca de la relación de dependencia de los discípulos y discípulas con Dios Padre, Hijo y Espíritu Santo. En esa relación cada una de las partes asume responsabilidades bien definidas. La salud de la viña es un trabajo de equipo. También, la metáfora advierte sobre las consecuencias negativas que se producen cuando una de las partes interrumpe la relación y de los múltiples beneficios que las partes reciben cuando se mantienen unidas.

2. Yo soy la vid verdadera

Jesús acababa de instituir la Cena del Señor a sus discípulos, es posible que a la vista de ellos en la mesa todavía estuvieran los vasos y las jarras con el vino. Como en otras ocasiones, Jesús comienza con la declaración: "Yo soy". Cada vez que lo hacía, era para revelar a continuación aspectos de su propia naturaleza divina y de su obra. En otros momentos, Jesús dijo ser la luz (Juan 8:12), la puerta (10:7) y el pastor (Juan 10:11).

"Yo soy" es el nombre con que Dios se reveló a Moisés en Éxodo 3:13-14: *"Pero Moisés insistió: —Supongamos que me presento ante los israelitas y les digo: "El Dios de sus antepasados me ha enviado a ustedes". ¿Qué les respondo si me preguntan: "¿Y cómo se llama?" Yo soy el que soy —respondió Dios a Moisés—. Y esto es lo que tienes que decirles a los israelitas: "Yo soy me ha enviado a ustedes".*

En esta ocasión Jesús afirma: "Yo soy la vid verdadera". Por el conocimiento que los judíos tenían de los libros del Antiguo Testamento, era fácil para ellos relacionar a la vid con el pueblo de Israel. Los profetas Isaías, Jeremías, Ezequiel y Oseas, ya habían usado esta metáfora comparando a Israel con una viña (Isaías 5:1-7; Jeremías 2:21; Ezequiel 15, 19:10; Oseas 10:1). Los judíos estaban muy orgullosos de una gran viña de oro labrada en la pared del lugar santísimo en el Templo de Jerusalem y que representaba a la nación de Israel. También habían monedas que tenían la imagen de una vid. Pero cuando los profetas se referían a Israel como vid, no lo hacían para alabar a la nación por su fidelidad al Señor y sus logros, sino que lo hacían para señalar, que no eran una vid de la cual Dios se enorgullecía.

La nación de Israel no era una vid genuina, real, verdadera. Era una vid corrompida, adulterada, contaminada. Isaías les reprochó por haberse convertido en una planta salvaje, Jeremías les dijo que se habían convertido en la rama de una vid extraña. Muchos judíos y, probablemente algunos de los discípulos, pensaban que porque pertenecían al pueblo judío, automáticamente eran parte de la vid del único Dios verdadero. Pero no era así.

Jesucristo es la única vid "genuina" cuyo fruto es de confianza, es la única vid que puede dar "buenos frutos". Como dijo Jesús en otra ocasión: *"—Yo soy el camino, la verdad y la vida —le contestó Jesús—. Nadie llega al Padre sino por mí"* (Juan 14:6). De manera que la viña en esta metáfora representa a la auténtica iglesia, el nuevo pueblo que Dios está levantando entre todas las naciones. Jesucristo es el tronco que provee la vida a esta viña. Toda rama que se injerte en otra vid, está destinada a la muerte.

⬖ ·······················o **Pida a los alumnos que completen la actividad 2.**

3. LAS RAMAS IMPRODUCTIVAS

▌▌▌ **Para esta sección utilice como ayuda visual el gráfico que se incluye en la actividad 3: La viña productiva.** ▌▌▌

Los roles en el viñedo están bien definidos. Para que una vid produzca uvas de calidad necesita de muchos cuidados. El Padre quien es el labrador, es quien cuida de la salud de la viña, para que las condiciones del suelo, el agua y los abonos favorezcan el desarrollo pleno de las ramas que brotan del tronco.

En los viñedos el trabajo de limpieza es continuo, implica quitar las malezas, eliminar las ramas secas, combatir las plagas o insectos, remover la tierra alrededor de la raíz. El suelo debe estar perfectamente limpio. En los tiempos de Jesús, era costumbre costruir un muro alrededor de las vides o una torre de vigilancia para proteger el viñedo de zorros y jabalíes.

El Padre es quien realiza la poda, corta y limpia la viña. El trabajo de poda del viñador en Israel se hace dos veces al año. En invierno se cortan las ramas secas y en la primavera, se cortan aquellos brotes o ramitas inútiles que le quitan vitalidad y energía a la planta. La poda es drástica, todas las ramas que privan a la planta de su fuerza, se cortan y apilan lejos de las plantas. Luego, cuando están secas, se queman.

En la viña de Dios la improductividad no es aceptable. El único fin para el que existe una rama de vid es para estar unida al tronco y producir uvas. Las ramas de la vid una vez cortadas no tienen ninguna utilidad, ya que por ser madera blanda no sirven como leña. Tampoco era aceptada, en el tiempo de Jesús, como ofrenda para usar en los sacrificios del Templo.

Jesús afirma que los discípulos que no dan fruto serán cortados de la viña ¿A quiénes se refiere el Señor con estas palabras? A todos aquellos que profesan ser cristianos con sus palabras, pero con su vida y acciones no lo demuestran. Hay personas a las que uno escucha hablar y nos convencen de su fe y su fidelidad a Jesucristo, pero cuando conocemos más a fondo sus vidas nos decepcionan, porque no se diferencian mucho del resto de los pecadores de este mundo.

La vida del cristiano que no produce fruto no tendrá un buen final, se encamina hacia la ruina. Todo lo que ha avanzado, durante el proceso de discipulado, se perderá y es posible que hayan retrocesos, que se vaya alejando de la iglesia y hasta que pierda su fe. William Barclay dice: *"Un principio fundamental en el Nuevo Testamento es que la inutilidad invita al desastre."*

4. LAS RAMAS PRODUCTIVAS SERÁN LIMPIADAS

Las ramas productivas son las que están unidas al tronco, que provee los nutrientes necesarios para su desarrollo y que, además, cumplen con el propósito para el cual fueron diseñadas por el Creador.

Cuando una nueva viña es plantada, durante los tres primeros años no se le permite producir frutos. En el vrs. 15:3, Jesús les dice a sus discípulos que ellos ya han sido limpiados. Lo que el Maestro quería decir, es que ellos habían pasado por más de tres años, por un proceso de discipulado, donde habían recibido las enseñanzas de Jesús en sus corazones. Sus vidas habían sido transformadas, aprendieron a estar cerca de Jesús y a vivir en obediencia a la Palabra.

Permanecer unidos a Jesucristo nos limpia (vrs. 4), no solo en un momento, como cuando somos perdonados de nuestros pecados o malos hábitos, sino que, a esta limpieza inicial, prosigue una que debe ser permanente y que es el resultado de una relación de compañerismo con Jesús. Nadie puede permanecer fiel a Jesucristo sin esta limpieza continua en su vida. La suciedad del pecado no debe estar presente en la vida del discípulo de Cristo. El estado natural de la vida de un cristiano saludable es "libre de pecado".

En la viña, las ramas productivas son las que están unidas al tronco. Una vez que el fruto se cosecha, se las poda y siguen produciendo más fruto cada año, es un ciclo continuo. En los primeros años de la planta, las ramas al ser podadas se van engrosando y se van haciendo más fuertes y resistentes, con el pasar de los años, estas ramas van cambiando y su aspecto es semejante al del tronco. Ya no se ven como tallos verdes y frágiles, sino que se ven del color de la madera, como extensiones del tronco principal. A estas se las denomina sarmientos. De estas ramas maduras, a su vez nacen otras ramitas jóvenes, los pámpanos; de esta manera, una rama que antes solo producía un racimo, ahora puede producir varios racimos de uvas en cada temporada. A la vez, los racimos son más grandes y las uvas también.

5. La función de las ramas es producir fruto abundante

En los valles de Israel, cuando el clima es favorable se llegan a cosechar racimos de uvas tan grandes que se necesitaban dos hombres para soportar su peso. Esto era común en la historia de Israel desde los tiempos de Josué, cuando los 12 espías regresaron de su primer exploración en Palestina: *"Cuando llegaron al valle del arroyo Escol, cortaron un sarmiento que tenía un solo racimo de uvas, y entre dos lo llevaron colgado de una vara"* (Números 13:23).

El el año 1984, se cosechó en Chile un racimo récord de 9,4 Kg de peso, que quedó registrado por el Guinness World Records. En Israel, los racimos pesan un promedio de 4,5 y 5,5 kilos, pero hay registros de racimos que llegaron a pesar entre 12 y 20 kilos.

Una vid bien cuidada y podada puede permanecer con vida muchos años produciendo. Había una vid famosa en Jericó que tenía más de 300 años, su tronco era como un árbol y medía 46 centímetros de diámetro.

El fruto de la vid es de los más beneficiosos para la salud de los seres humanos. En el tiempo de Jesús las uvas se comían frescas o en pasas y también se pisaban para hacer vino. En nuestros dias, la uva incluyendo su piel y sus semillas, son de los alimentos más preciados.

Reparta las uvas o las pasas de uva y mientras las van comiendo pida a los alumnos que completen la actividad 4 y 5.

6. LA PERMANENCIA EN EL HIJO ES RECOMPENSADA

El Hijo es el responsable de proveer nutrición a toda la planta, para mantenerla viva, floreciente y produciendo.

Los pámpanos (las ramas) no pueden dar fruto por sí mismos, necesitan estar adheridos al tronco de la vid. Podríamos decir que el fruto es del tronco de la vid, y las ramas son el vehículo por el cuál esa sábila puede llegar a transformarse en uvas.

En Juan 15: 9 y 10, Jesús pone mucho énfasis en la permanencia de los discípulos "en mi amor". Esta insistencia estaba basaba en su propia experiencia personal de relación íntima con su Padre y el Espíritu. La estrecha relación de amor y obediencia de Jesús con el Padre era la fuente que nutría su vida y su ministerio.

Durante todo su servicio en esta tierra, Jesús permaneció unido a su Padre y la presencia del Espíritu Santo era evidente en su vida. Los frutos de esta relación amorosa entre el Padre y el Hijo, fueron más que abundantes. La gente podía ver que en todo momento y en todo lo que hacía, Él estaba lleno de gracia y de verdad. El amor del Padre era evidente en la vida y los hechos de Jesús.

Cuando permanecemos unidos a Jesucristo, podemos experimentar y sentir de primera mano todo el amor que el Padre tiene por cada uno de nosotros y se nos hace natural responder a ese amor, amando al Señor nuestro Dios con todo nuestro ser.

¿Qué significa permanecer para nosotros hoy? Para los cristianos nuestra relación con Cristo debe ser la más importante de todas. Debemos mantenernos en contacto con Él de manera permanente, pero también en momentos íntimos y especiales cada día. Como en toda relación hay dos vías, Jesús no puede cultivar una relación con nosotros si nosotros no cooperamos.

○ **Indique a los alumnos para que realicen la Actividad 6.**

Permanecer en Jesús es tenerlo presente en nuestra vida cada día y permitirle ser parte de todo cuanto hacemos. Cuando cultivamos una relación así con Jesús recibimos grandes beneficios. Así como la rama recibe el sustento del tronco de la vid, nuestra vida recibe constante fortaleza de Jesús, energía espiritual que podemos invertir al servicio de otros.

Al permanecer en Jesús, su amor fluye a través de nosotros e impacta la vida de otras personas. Las acciones de amor desinteresado de los discípulos y discípulas de Jesús, provocan en quienes las ven y las reciben, gratitud y también curiosidad. Las personas comienzan a preguntarse… ¿por qué hacen esto?, ¿por qué son amables?, ¿por qué no son egoístas como las otras personas? Y cuando estas personas comprenden que es Jesús quien nos envía y nos inspira a hacer esas buenas obras por otros, vuelven sus pensamientos a Dios. El amor de Dios en acción conmueve los corazones y favorece que las personas se vuelvan a Dios y deseen ser discípulos de Jesús.

○ **Finalicen la clase completando la actividad 7.**

Definición de términos claves

- **Pámpano:** La palabra "pámpano" se refiere a las ramas tiernas y flexibles de los árboles, pero en especial al sarmiento de una vid (Juan 15:2).

- **Permanecer:** El verbo griego *"meno"*, permanecer, se utiliza mucho en el Nuevo Testamento. Su significado se relaciona a nuestros verbos en idioma español: quedarse, durar, continuar, hacer morada, estar, perdurar, persistir, retener y vivir. En la metáfora de la vid se usa en el sentido de quedarse cerca de Jesús, ser fieles a Jesús de manera continua, sin interrupciones.

- **Sarmiento:** El sarmiento es una rama de la vid larga, flexible y nudosa, de la que brotan las hojas y los racimos de uvas.

Resumen

La metáfora de la vid, enseña sobre la relación que existe entre la permanencia del discípulo en Jesucristo y su capacidad de dar mucho fruto para el reino de Dios. Como discípulos y discípulas nuestro propósito es producir fruto en abundancia, pero esto no es posible si nuestra vida no recibe los nutrientes de la fuente de vida que es Jesucristo. El vivir la vida cristiana de manera fructífera no es una opción, sino un estilo de vida que es propio de nuestra nueva naturaleza como hijos e hijas de Dios. Las ramas que se independizan de la vid y las que están adheridas pero sin fruto, serán cortadas y desechadas, para que el árbol concentre todos sus recursos en las ramas productivas. No hay cosa que haga mas daño a la iglesia que aquellos que dicen ser cristianos con su boca, pero lo niegan con sus hechos.

Hoja de Actividades

ACTIVIDAD 1
Observe las ramas y responda a las siguientes preguntas:

1. ¿Por qué los árboles y plantas dan frutos y semillas?

_____

2. ¿Cuáles serían las consecuencias para la humanidad si los árboles y plantas dejaran de cumplir con esta función?

_____

3. ¿Qué características debe cumplir una planta para dar "buenos" frutos?

_____

4. ¿Si sólo las ramas tiernas dan fruto, cuál es el propósito que cumple el resto de la planta?

_____

ACTIVIDAD 2
¿Cuáles son las falsas vides a las que se aferran algunas personas en tu contexto? Señale con una X en la lista siguiente:

__ Ser de sangre judía o practicar la religión judía

__ Virgen María y otros santos

__ Budismo

__ Islamismo

__ Mormonismo

__ Brujería / Santería

__ Religiones indígenas

__ Líder eclesiástico

__ Ser miembro de la iglesia "x"

__ Ser descendiente de cristianos fieles

__ Ideología política

__ Líder político

__ Otro…

ACTIVIDAD 3
Grafico: La viña productiva

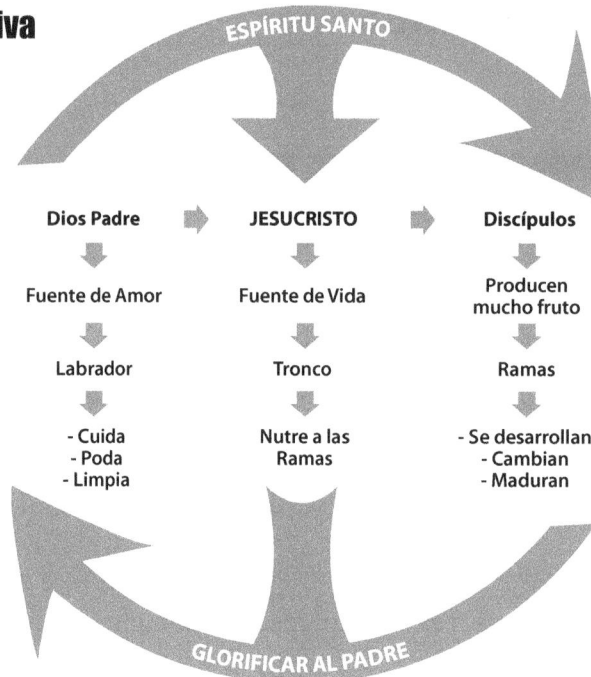

ACTIVIDAD 4

El fruto de la vid es muy apreciado desde tiempos antiguos. La viña más antigua de la que se tiene registros es la que plantó Noé. Hoy la ciencia continúa descubriendo muchos de los beneficios que el comer uvas trae para nuestra salud. En la lista siguiente se incluyen algunos de los beneficios que este fruto maravilloso, puede traer a nuestra salud integral. Señale aquellos problemas de salud para los cuáles, sería bueno que incluya más a menudo uvas en su dieta:

Poderoso antioxidante

Purifica la sangre

Evita la retención de líquidos (diurético)

Embellece la piel y el cabello

Previene la hipertensión

Mantiene sanas las arterias y venas

Previene la formación de cataratas en la vista

Combate las bacterias y virus (Vitamina C)

Fortalece los huesos, combate la artritis y el reumatismo (Vitaminas K, B-1)

Limpia los intestinos y evita el estreñimiento (laxante)

La piel de las uvas ayuda a prevenir el cáncer

Salud del corazón

Previene y mejora la diabetes

Combate la anemia

ACTIVIDAD 5

Haga un gráfico o dibujo que represente cómo imagina su trayectoria fructífera como discípulo o discípula de Jesús, desde hoy hasta el final de su vida.

ACTIVIDAD 6

Reflexione sobre la siguiente frase y luego responda: ¿Trato a Jesús como mi principal relación o como alguien a quien busco de vez en cuando? ¿Qué haría yo con un amigo o amiga que me trata de esta manera?

"Algunos cristianos tratan a Jesús como si fuera un amigo de facebook. Por tiempos responden a sus mensajes y por tiempos lo ignoran. Al principio le enviaban fotos, tarjetas de cumpleaños, le contaban lo que hacían, le consultaban sus decisiones, le pasaban peticiones de oración… Pero luego, con el tiempo, solo le escriben cuando están con un problema o necesitan un consejo o le piden ayuda si necesitan dinero o están enfermos."

_____

_____

_____

ACTIVIDAD 7

Trabajo en grupos. Piensen en una ilustración efectiva, para enseñar sobre la vida fructífera que Jesús espera de sus discípulos y discípulas, para la gente en su contexto. Consideren que algunas imágenes pueden ser eficaces en las zonas rurales, pero no tanto para la gente que vive en grandes ciudades. Propongan varias ideas y escojan la que transmite mejor los principios de una vida cristiana productiva. Al terminar compartan con el resto de la clase.

_____

_____

_____

_____

El fruto del Espíritu y las obras de la carne

Objetivos de la lección

Que el alumno...

- **Evalúe** si su vida es un árbol bueno o un árbol malo.
- **Identifique** las obras de la carne que produce el árbol malo.
- **Comprenda** que quienes dan sólo buenos frutos son los auténticos hijos e hijas de Dios.
- **Renuncie** a los antivalores cristianos que atesora en su vida.

Recursos

- Imágenes de árboles con sus propios frutos y semillas.
- Un dibujo de un árbol grande en la pizarra (vea el modelo en la actividad 3).
- Recortes de cartulina con formas de frutos. Deben ser de buen tamaño para luego colocar en el árbol que dibujará en la pizarra.
- Marcadores para que los alumnos escriban el nombre de los frutos en los recortes de cartulina.
- Tape o cinta de pegar para colocar las frutas en el árbol.

La vida de una persona comparada con un árbol, es otra de las metáforas que Jesús escogió para enseñar sobre los frutos buenos que espera de nosotros, sus discípulos y discípulas. Dos de los evangelios, Lucas y Mateo, relatan esta metáfora, donde Jesús comparó los frutos de un árbol bueno y un árbol malo. Esta enseñanza de Jesús nos lleva a reflexionar sobre un tema de mucha actualidad, porque trata acerca de la clase de vida que es aceptable para Dios.

Hoy en la sociedad a nuestro alrededor, hay mucha confusión sobre dónde están los límites entre lo bueno y lo malo, entre lo contaminado y lo puro, entre lo torcido y lo recto. La corrupción y la falta de integridad es un tema del que hablamos todos los días en la calle y en la casa; además, llena los espacios en los medios de comunicación. Pero muchos de nosotros ignoramos en realidad de qué estamos hablando. La corrupción no un problema solo de los dirigentes políticos, o de los que se quedan con el dinero de las instituciones o empresas públicas. Hoy en día los actos de corrupción se han extendido a toda la sociedad, son comunes en las familias, en las empresas, en las escuelas y podríamos decir que se han hecho parte de la cultura.

·············o Pida a los alumnos que completen la actividad 1.

Estudio Bíblico

1. SOLO DOS TIPOS DE ÁRBOLES

Pida a dos alumno que lean ambos relatos de esta metáfora en Mateo 7:15-20 y Lucas 6:43-44.

Esta metáfora se encuentra dentro del Sermón del Monte que abarca los capítulo 5, 6 y 7 del Evangelio según Mateo. En esta sección del mensaje, Jesús se refiere a los falsos profetas que, aunque se visten de ovejas, en realidad son lobos que dejan a su paso muerte y destrucción.

En Israel, quien era profeta se vestía con una especie de hábito que le distinguía, como Elías que usaba un manto de piel de oveja (1 Reyes 19:13,19). El profeta Zacarías advirtió que había quienes usaban el manto, pero sus palabras eran mentirosas y no se podía confiar en ellos, pues no vivían como verdaderos profetas (Zacarías 13:4).

En tiempos de la Iglesia Primitiva, el ministerio de profeta estaba presente en la forma de predicadores itinerantes que visitaban las iglesias. Pablo le advierte a los hermanos de Efeso que tengan cuidado con los profetas falsos...

[[[Pida a un alumno que lea Hechos 20:29. Luego pregunte a la clase.. ¿En qué se asemejan las palabras de Jesús en Mateo 7:15 y las de Pablo en este pasaje?]]]

Como vemos, el aspecto exterior no es la mejor manera de juzgar el carácter de una persona. Sabemos que la imagen que una persona proyecta, no siempre es lo que esa persona realmente es. Vestir como médico no nos hace doctores; usar ropa de policía, no nos hace agentes de la ley; vestir como pastor, no nos hace pastores, y podemos seguir con los ejemplos. Es por eso que el Maestro, en la metáfora de la vid y en esta de los árboles, afirma que la mejor manera de conocer a una persona es por medio de sus frutos.

Jesús habla de solo dos tipos de árboles: uno que es malo y otro que es bueno. No hay más clases de árboles. No hay árboles que dan frutos buenos y ocultan algunos frutos malos entre sus ramas. Tampoco árboles malos que puedan dar frutos buenos.

Esta enseñanza de Jesús es radical y totalmente opuesta a las ideas actuales. En las películas, en novelas televisadas y en las series contemporáneas, se representa la vida de narcotraficantes, ladrones, asesinos, engañadores, estafadores y muchos otros, que aunque son delincuentes y malvados, tienen unas cualidades de carácter buenas, como que aman a sus familias, aman a sus parejas, ayudan a los necesitados, etc. Por otro lado, se muestran personajes que aparentan ser buenas personas, como pastores, padres, médicos, abogados, policías, entre otros, que abrazan causas muy nobles, pero que tienen una vida de pecado oculta, son adúlteros, son abusadores de menores, son ladrones, son violentos con su familia, entre otros.

[[[Pida a los alumnos que mencionen ejemplos de películas, novelas, series de TV y otros programas, que difunden ideas como estas para adultos, jóvenes y niños.]]]

2. Un árbol malo da fruto malo

El árbol malo es un árbol corrupto, es decir, pervertido, malo, vicioso, depravado, deshonesto, corrompido. Este árbol representa al corazón humano lleno de maldad. Este es el estado natural del corazón de todos los seres humanos que aún no han sido limpiados de sus pecados por Jesucristo. La única manera en que podemos obtener un corazón puro es cuando Dios lo crea dentro de nosotros. Por eso el salmista exclamó: *"Crea en mí, oh Dios, un corazón limpio, y renueva la firmeza de mi espíritu"* (Salmo 51:10).

Este árbol por más que quiera no puede producir buenos frutos. El apóstol Pablo llama a los frutos malos "obras de la carne". Podemos ver una lista de algunos de estos frutos en Gálatas 5:19-21: *"Las obras de la naturaleza pecaminosa se conocen bien: inmoralidad sexual, impureza y libertinaje; idolatría y brujería; odio, discordia, celos, arrebatos de ira, rivalidades, disensiones, sectarismos y envidia; borracheras, orgías, y otras cosas parecidas. Les advierto ahora, como antes lo hice, que los que practican tales cosas no heredarán el reino de Dios."*

···○ **Realicen la actividad 2.**

[[[Reparta los trozos de papel con formas de frutas para que los alumnos escriban los nombres de los pecados contemporáneos que escribieron en la Actividad 2. Luego pida a los estudiantes que vayan colocando los frutos en el árbol que ha dibujado en el pizarrón.]]]

⊙········○ Pida a los alumnos que completen la actividad 3, copiando el modelo de la pizarra.

Solo Dios puede cambiar un corazón malo por uno bueno. El Señor había prometido por medio del profeta Ezequiel que el Mesías haría posible que los hijos y las hijas de Dios tuvieran un corazón nuevo y fueran llenos del Espíritu Santo: *"Les daré un nuevo corazón, y les infundiré un espíritu nuevo; les quitaré ese corazón de piedra que ahora tienen, y les pondré un corazón de carne"* (36:26). Un corazón de piedra es un corazón malo, uno que no se conmueve ante la necesidad de otros, uno que no es dócil y obediente a la Palabra de Dios. No es posible dar frutos buenos para Dios con un corazón de piedra.

Hay cristianos que mantienen este corazón duro. Posiblemente esperan que, después de un tiempo de asistir a la iglesia, su corazón evolucione en un corazón bueno. Se aferran a el y no permiten que sea transformado por Dios. Guardan en el cosas malas como orgullo, raíces de amargura, envidia, odio y otras que se han convertido en sus tesoros. Se confunden pensando que aún así pueden servir a Dios con sus vidas y tener una vida que agrade a Dios.

Pero estos tesoros ocultos en sus corazones, salen a la luz en sus palabras y sus acciones. Tratan de mantenerse en esta "doble vida", pero se engañan a sí mismos pensando que, si hacen cierta cantidad de cosas buenas, su vida será aceptable para Dios.

▐▌▐ Pregunte a la clase: ¿Es posible servir en algún ministerio de la iglesia hasta ser un líder en la iglesia, con un corazón impuro? ▐▐▌

Sí, es posible ganar prestigio por nuestro ministerio y tener la admiración de los otros por nuestras habilidades. Todo esto es posible de alcanzar, aun siendo un árbol malo. Pero no debemos confundir la imagen que se proyecta, con la verdadera identidad de una persona. No debemos confundir tampoco la apariencia de los frutos con la calidad de los frutos. ¿A cuántos nos ha pasado abrir un aguacate y encontrar que está negro por dentro y tener que desecharlo? ¿O cortar una sandía y al comerla darnos cuenta de que no tiene ese sabor dulce que esperábamos?

3. EL ÁRBOL BUENO DA FRUTOS BUENOS

En la metáfora de los dos árboles, los frutos del árbol bueno son totalmente diferentes al del árbol malo y son los que evidencian que el árbol es bueno. De los frutos de este árbol, podemos sembrar las semillas con la confianza de que, con el tiempo, tendremos otro árbol que va a darnos frutos de calidad.

Este árbol bueno representa la vida del cristiano que es íntegro, honesto, honrado, recto, sincero, insobornable. Este es obediente a la Palabra de Dios. Tiene un corazón nuevo que le ha sido dado por Dios. Su corazón es limpio, puro, santo. Su vida refleja su compromiso con Dios y con su obra todo el tiempo. En casa, en la calle, en el trabajo, en la escuela, en el gimnasio, en todo lugar donde está, la gente puede notar que es un hijo o una hija de Dios con un corazón puro.

La verdadera identidad del cristiano se muestra por la calidad de sus frutos y semillas.

⊙·····················○ Pida a los alumnos que completen la actividad 4.

▐▌▐ Muestre las imágenes de los árboles, sus frutos y semillas para ilustrar la próxima sección. ▐▐▌

Cada árbol da frutos según su propia naturaleza. Del manzano nacen manzanas, del árbol de mango se cosechan mangos, el limonero produce limones. En la naturaleza no hay perales que den higos o naranjos que den membrillos. Asímismo, cada fruta da semillas según su especie. Este fue el plan del Creador (Génesis 1:11).

Jesús enseñó que la obediencia a Dios siempre es recompensada con más fruto. Si queremos ser un buen árbol necesitamos comenzar por rendirnos al Señor y pedirle que nos dé un nuevo corazón, uno que sea dócil y obediente a su Palabra, uno que sea puro y lleno del Espíritu Santo de Dios.

○ Pida a los alumnos que completen la actividad 5.

4. MIS VALORES ME HACEN SER QUIEN SOY

En el pasaje paralelo de Lucas 6:45 dice: *"El que es bueno, de la bondad que atesora en el corazón produce el bien; pero el que es malo, de su maldad produce el mal, porque de lo que abunda en el corazón habla la boca."*

Una vez más en Lucas vemos que las palabras que salen de nuestra boca son producto de lo que hay en nuestro corazón. Por supuesto que podemos ser hábiles para controlar lo que decimos y aprender un lenguaje espiritual y cristiano. Pero cuando estamos bajo presión, cuando las emociones fluyen en palabras, cuando decimos lo primero que viene a nuestra mente, podemos ver el producto real que sale de nuestro corazón.

Lucas hace referencia a un tesoro que todos los seres humanos tenemos bien guardado. Lo que escogemos guardar en ese tesoro es elección de cada uno de nosotros. Pero de esta elección dependerá el tipo de persona que vamos a ser. Muchas veces, el producto de un corazón malo sale a la luz en el seno del hogar, donde padres, que en la iglesia tienen la reputación de ser buenos cristianos, no son buenos ejemplos a sus hijos, hablan mal de los hermanos y líderes de la iglesia, agreden a su familia con las palabras, mienten y engañan.

Jesús explica que si nuestro tesoro es bueno, también nuestro hablar y actuar lo será. Nuestras vidas serán agradables a Dios, quienes nos rodean serán bendecidos por nuestras palabras y obras de bien. Pero si nuestro tesoro es malo, nos llevará a desviarnos de la voluntad de Dios y a buscar satisfacer nuestros propios deseos egoístas, aun dañando a otras personas.

En la vida, como en la ciencia, todo efecto tiene su causa. Por ejemplo, si una persona es de conducta agresiva o violenta, debe haber algo guardado en su corazón que actúa como motor de esa conducta. Estos tesoros son los motivos que nos impulsan a actuar de cierta manera. Hoy les llamamos principios o valores.

Podemos entender mejor los valores cuando pensamos en una pequeña semilla, como la semilla de mostaza que mencionó Jesús.

Pida a un estudiante que lea Marcos 4:30-32. Luego pregunte a la clase: ¿En qué se parece esta parábola de la semilla de mostaza a la metáfora de la vid y la del árbol bueno y malo?

Todas las personas tenemos valores. No nacemos con esos valores pero los vamos aprendiendo en la familia, en la escuela, en la sociedad, en la iglesia. Por ejemplo, si tenemos el valor de la paz, en nuestra vida vamos a ser pacificadores, no vamos a responder con violencia a la violencia. Lo opuesto a los valores son los antivalores. Por ejemplo, el antivalor de la verdad, es la mentira. Cuando aprendemos desde pequeños un antivalor, pensamos que es algo que es parte de nuestra vida. Por ejemplo, si alguien miente le ponemos el calificativo de "mentiroso", como si la mentira fuera parte de su naturaleza, algo que no tiene remedio. Pero lo que en realidad ocurre, es que esa persona no ha abrazado para su vida el valor de la verdad.

El reino de Dios tiene sus propios valores y todos ellos son opuestos a los antivalores del mundo.

⬡·············o Pida a los alumnos que completen la actividad 6.

La buena noticia es que los valores y principios se pueden cambiar. Nunca es tarde para aprender nuevos valores. Por eso es tan importante estudiar la Palabra de Dios, porque en ella aprendemos a abrazar los valores propios del reino de Dios. Los auténticos discípulos de Jesús atesoran los valores del reino de Dios en sus corazones.

El valor máximo de la vida cristiana es Dios mismo. Cuando Dios es el centro de nuestro corazón, "Él" es nuestro principal tesoro y el que más valoramos. El fruto que produce esta vida no puede ser otro que el amor, porque el Dios que es amor, ocupa el centro de nuestro ser. Solo un corazón lleno del amor de Dios es útil para llevar el fruto que el Señor espera de sus discípulos. Este será el tema de la próxima lección.

⬡·············o Pida a los alumnos que competen la actividad 7.

Definición de términos claves

- **Aguacate:** Fruto comestible y de gran uso en la gastronomía latinoamericana. En algunos países se conoce como palta.

- **Corrupción:** Cuando decimos que algo es corrupto afirmamos que su estado natural ha sido alterado, con algo que ha sido introducido, pero que no es propio de la cosa o persona de la que se habla. En las organizaciones se refiere a las prácticas de las personas que utilizan sus funciones para obtener beneficios económicos o de otra índole. Para los seres humanos, vivir en pecado es un estado de corrupción, ya que fuimos creados para vivir en santidad. El pecado no pertenece a nuestra naturaleza original. Es por ello, que en la Biblia, al pecado se le relaciona con una enfermedad infecciosa que destruye nuestro ser y que debe ser erradicada (Isaías 53:5).

- **Obras de la carne:** Son las malas obras y conductas pecaminosas que son propias de las personas que no aman a Dios ni le obedecen con sus vidas. Estas conductas producen daño y dolor a la propia persona y a quienes le rodean. Son opuestas al fruto del Espíritu (Gálatas 5:13-25).

- **Valores:** Son las ideas o conceptos que fundamentan nuestras actitudes y nuestras acciones.

Resumen

El tipo de persona que somos no es algo que está predeterminado por nuestro origen o historia de vida. Jesús enseñó que podemos escoger que tipo de persona queremos ser. Si permitimos que Dios purifique nuestro corazón y adoptamos a Dios como el valor más importante de nuestra vida, los frutos que vamos a producir serán puros y santos como el amor de Dios que habita en nosotros. Pero si conservamos un corazón de piedra, uno que es rebelde a la voluntad de Dios y que atesora los antivalores del reino de Dios, no podremos producir con nuestra vida los frutos buenos y agradables que Dios espera de nosotros.

Hoja de Actividades

ACTIVIDAD 1

Señale en la siguiente lista las cosas que usted ha hecho o hace, porque son cosas que la gente comúnmente hace en su contexto.

__ Mentir sobre la razón por la que llegamos tarde al trabajo.

__ Colarse o adelantarse en la fila.

__ Quedarse con un vuelto de más en el supermercado.

__ No dar mi diezmo completo en la iglesia.

__ Pagar soborno por un trámite.

__ Pasarse un semáforo en rojo.

__ Comprar artículos "piratas" (música, películas, ropa, programas de computadora).

__ Colgarse de un cable eléctrico o de TV Cable.

__ Robar flores o frutas de un jardín o huerta.

__ Fotocopiar libros con derechos reservados en lugar de comprarlos.

__ Plagiar texto en tareas del colegio o universidad.

__ Copiarse en un examen.

ACTIVIDAD 2

En el cuadro que sigue encontrará los frutos de la carne listados en Gálatas 5:19-21 en dos versiones bíblicas. En la columna de la derecha, en cada línea escriba el nombre de pecados que están presentes en su contexto y que se relacionan o derivan de éstos.

Versión Reina Valera 1995	Traducción en Lenguaje Actual	Versiones contemporáneas de estos pecados
Inmoralidad sexual	Relaciones sexuales prohibidas	
Impureza y libertinaje	Muchos vicios y malos pensamientos	
Idolatría y brujería	Dioses falsos, práctica de brujería	
Odio	Odian a los demás	
Discordia	Se pelean unos con otros	
Celos	Son celosos	
Arrebatos de ira	Se enojan por todo	
Rivalidades	Son egoístas	
Disensiones	Discuten	
Sectarismos	Causan divisiones	

Envidia	Son envidiosos	
Borrachera	Se emborrachan	
Orgías	Hacen locuras en sus fiestas y muchas cosas malas	

ACTIVIDAD 3
Dibuje los frutos del árbol malo.

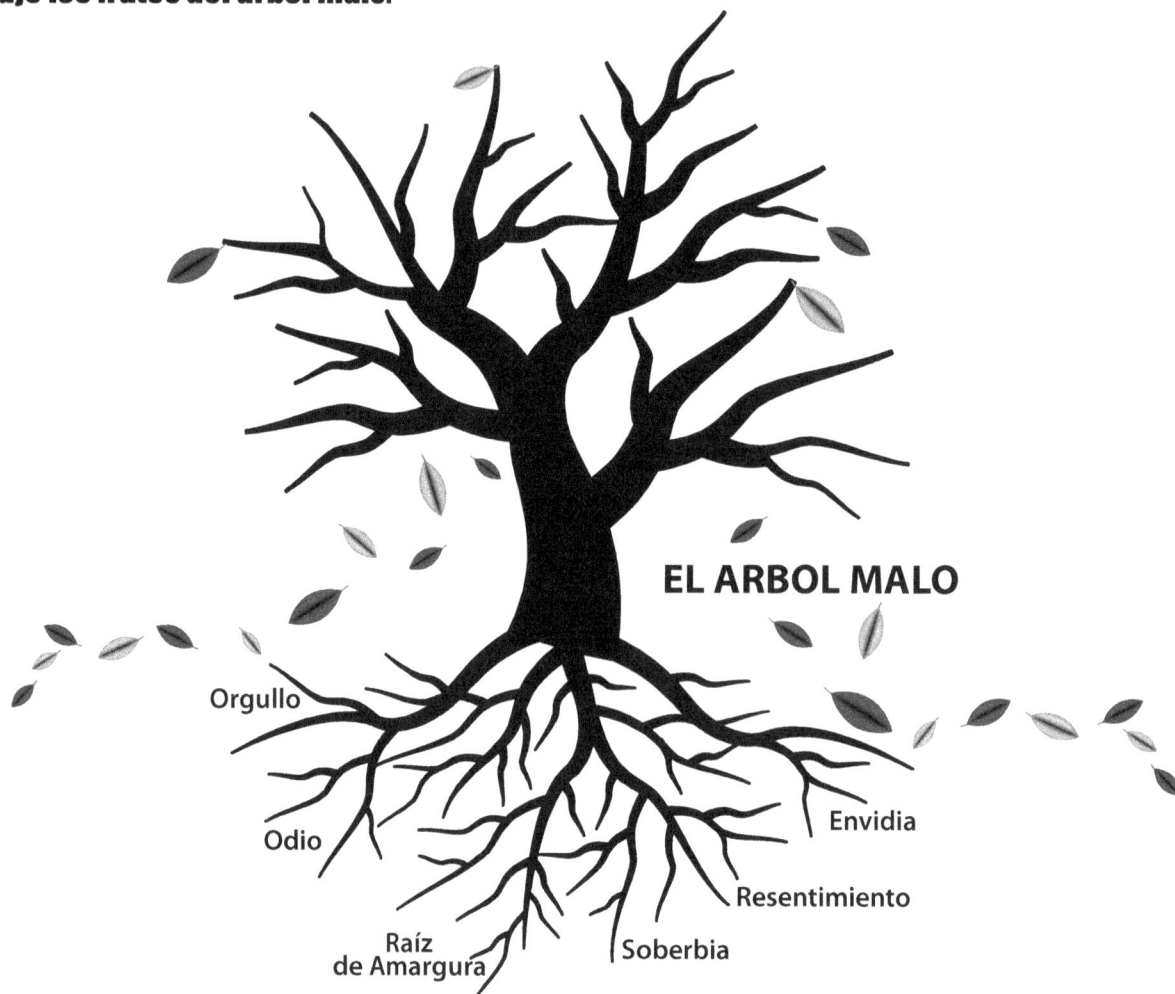

EL ARBOL MALO

Orgullo

Odio

Envidia

Resentimiento

Raíz de Amargura

Soberbia

ACTIVIDAD 4
En grupos de 2 a 3 integrantes respondan a las siguientes preguntas:

a. Según la metáfora de los dos árboles piensan que... ¿Es posible conocer si una persona es un buen o mal cristiano por sus obras?

b. Mencionen algunas malas obras que algunos "cristianos" hacen y que invalidan su testimonio (Sin dar nombres).

c. ¿Cuáles son las buenas obras que han podido observar en algunos cristianos que conocen?

ACTIVIDAD 5
Busque en la Biblia los versículos que se listan abajo y vaya respondiendo a las preguntas.

a. Juan 12:24 ¿Cuál es la condición para que el grano de trigo produzca mucho fruto?

b. Gálatas 5:24 ¿Cuál es la condición para ser un cristiano o cristiana auténtico?

c. Apocalipsis 20:12 ¿Lleva Dios un registro de nuestras obras? ¿Con qué propósito?

d. Apocalipsis 21:27 ¿Cuál será el destino eterno de los árboles malos?

e. Apocalipsis 19: 6-8 ¿Qué representa el vestido de lino fino que vestirán los hijos e hijas de Dios en la vida eterna?

_____

_____

_____

_____

_____

ACTIVIDAD 6
En grupos de 3 o 4 estudiantes completen el siguiente cuadro. En la columna de la izquierda, hay una lista de algunos de los valores de Reino de Dios. Escriban en la columna de la derecha el antivalor que corresponde en cada caso, el valor opuesto.

Valores de Reino de Dios	Antivalores del Mundo
Sencillez	
Paz	
Solidaridad	
Perdón	
Amor	
Libertad	
Verdad	
Servicio	
Vida	
Pureza/ santidad	
Justicia	
Sacrificio	
Fidelidad	
Fraternidad	

ACTIVIDAD 7

Responda de manera personal a las siguientes preguntas:

a. ¿Tiene usted la seguridad de que su vida es un buen árbol? ¿Si su respuesta es no, qué tendría que hacer para que su vida se convierta en un árbol que dé buenos frutos?

b. ¿Cuál es el valor más importante en su vida hoy?

c. ¿Ha identificado algún antivalor presente en su vida? ¿Cuál o cuáles son?

d. ¿Cuáles son los valores del reino de Dios que necesita abrazar en su vida?

_____

_____

_____

_____

_____

_____

_____

_____

_____

_____

_____

_____

_____

_____

_____

_____

_____

_____

_____

_____

_____

_____

_____

Mis notas

El fruto del Espíritu es amor
LECCIÓN 3

Objetivos de la lección

Que el alumno...

- **Identifique** las formas falsas de amor.
- **Conozca** la naturaleza del amor de Dios.
- **Diferencie** el amor *eros* y el amor *ágape*.
- **Tome la decisión** de trabajar para que el fruto del Espíritu se desarrolle en su vida.

Recursos

- Una fruta cítrica que se pueda separar en gajos como por ejemplo: mandarina, naranja, toronja o pomelo. Los gajos deben ser suficientes para toda la clase.

Introducción

En las lecciones anteriores estudiamos que la voluntad de Jesús es que sus discípulos y discípulas demos fruto bueno y abundante. Hay cristianos que se confunden acerca de la clase de fruto de la que hablaba Jesús. Algunos piensan que se refiere a obras de caridad, otros creen que son más discípulos, otros que es el servicio que brindamos en un algún ministerio de la iglesia, otros que son sacrificios personales y hasta puede haber algunos que piensen que se trata de prosperar económicamente para dar más dinero para la obra de Dios.

Todo lo que hemos mencionado, una persona lo puede hacer sin tener el verdadero fruto del Espíritu en su vida. Pero todas estas cosas, aunque son buenas, pueden ser hechas por motivos equivocados.

||| Pida a los alumnos que completen la actividad 1. |||

Como vimos en la lección anterior debemos poner atención a los motivos que nos mueven a hacer lo que hacemos. Si queremos ser árboles que den buenos frutos, nuestros corazones deben estar llenos del amor santo de Dios. En esta lección vamos a estudiar ese amor que es el fruto espiritual que Dios espera de nosotros, pero como veremos, no se trata de cualquier clase de amor, sino de un amor que tiene todas las cualidades buenas del amor de Dios.

Estudio Bíblico

1. Dios es amor

La palabra "amor" es de las más importantes usadas en el lenguaje de los seres humanos y también en la Biblia. Pero hay tantas maneras diferentes de entender el concepto de "amor" que aun para los cristianos es difícil comprender el amor del cual la Biblia nos habla. El problema es que si no entendemos bien el concepto bíblico del amor, tampoco seremos capaces de ponerlo en práctica como Dios espera de nosotros.

El apóstol Juan en su primera carta, hace una declaración revolucionaria para su época:

||| Pida a un alumno que lea 1 Juan 4:8. |||

No se dice esto de los dioses en las religiones no cristianas. Juan no dice "Dios es amoroso", lo cual sería correcto si el amor fuera una de las cualidades de Dios. Pero no es así, porque el amor es la esencia de Dios, su verdadera naturaleza. No podemos separar a Dios de su amor, ni tampoco podemos comprender lo que significa el amor verdadero, si no conocemos a Dios.

En la Biblia dice, Dios es generoso, es justo, es sabio, porque todas estas son características del Creador, pero no debemos confundirlas con su naturaleza. A la vez, estas características y muchas otras, provienen de su amor, aun aquellas que nos pueden parecer negativas como su ira, surgen de su amor.

En la creación de la pareja original, Dios plasmó su imagen en la raza humana y nos transmitió su capacidad de amar. El hecho de que los seres humanos podamos amar aun sin conocer a Dios, es una señal de que el amar es parte de nuestra naturaleza. Pero de esa capacidad de amar apenas quedan vestigios en nuestra raza y estos han sido severamente dañados y corrompidos por el pecado.

||| Pida a un estudiante que lea 1 Juan 4:16 y pregunte a la clase: ¿Cuál es la única forma en que los seres humanos podemos poner en práctica el amor verdadero? |||

La declaración del apóstol Juan es directa y clara. El amor es "el fruto" que nos identifica como auténticos hijos e hijas de Dios. ¿Pero de qué amor está hablando Juan? Hoy hay tantas maneras diferentes de entender y vivir el amor que necesitamos arrojar claridad a este tema.

·············o **Pida a los alumnos que completen la actividad 2.**

Como vemos, las personas tienen sus propias ideas sobre qué es el amor y cómo se debe amar. Muchos de los cristianos tenemos una idea romántica del amor, difundida por las películas y programas de TV, eso afecta la forma en que comprendemos el amor de Dios y lo llevamos a la práctica.

Debido a la confusión reinante, necesitamos preguntamos ¿cómo es el verdadero amor del que habla la Biblia? Para responder a esta pregunta necesitamos comenzar por investigar cómo es el amor de Dios.

2. ¿Cómo es el amor de Dios?

En la Biblia se enseña que hay tres dimensiones principales del amor de Dios: la justicia, la verdad y la gracia, todas estas son a la vez características de su amor.

||| Dibuje en la pizarra el siguiente gráfico. |||

Los términos originales en hebreo que se usan para justicia, verdad y amor tienen un significado un poco diferente al que le atribuimos hoy en nuestras lenguas latinas o anglosajonas.

Cuando la Biblia afirma que el amor de Dios se muestra en su justicia, no se refiere a la capacidad de hacer un juicio imparcial y objetivo, conforme a la ley, como esperamos que hoy hagan los jueces en los tribunales. La justicia de Dios se refiere a su auténtica compasión por sus criaturas, compasión que va más allá de la justicia que deberían obtener según la ley. La justicia de Dios no es fría, ni lejana, sino una que actúa movida por el amor compasivo de Dios.

En la Biblia, la justicia es el amor compasivo de Dios actuando en defensa de los más necesitados, poniéndose al lado de los que sufren, de quienes no reciben un trato justo.

El amor de Dios se puede ver en su verdad. La Biblia enseña que Dios tiene todas esas características propias de una persona auténtica, íntegra. El amor de Dios es honesto, es honrado, es un amor santo. Porque Dios nos ama, no nos miente, no nos engaña, no nos utiliza para sus fines egoístas, no nos explota, no tiene una agenda oculta, no nos manipula.

El significado del término griego *aletheia*, verdad, es revelar algo que estaba oculto. Para nosotros desde nuestra posición humana es difícil ver el panorama completo y las causas detrás de la realidad que nos rodea. Pero el amor de Dios viene acompañado de su luz, una luz que penetra toda oscuridad y le permite ver a las personas y a las circunstancias con una mirada amorosa, que descubre el pecado y revela las intenciones más ocultas de los corazones.

El amor de Dios se muestra también en la gracia con la cual nos acepta, nos perdona y cultiva una relación con cada uno de sus hijos e hijas, donde entrega todo de sí mismo. Su gracia nos habla de un amor que abraza, que redime, que incluye y restaura a todos los que desean ser parte de su pueblo.

Aunque la gracia del amor de Dios no justifica el pecado, acoge y perdona al pecador, le acepta en su familia, y le ayuda a desarrollarse. Jesús es la imagen visible de la gracia amorosa de Dios (Juan 1:14). Él podía ver el potencial de cada persona, más allá de su situación actual y les daba esperanza.

················○ **Pida a los alumnos que completen la actividad 3.**

3. El amor es el fruto del Espíritu

Jesús dedicó mucho de su tiempo con sus discípulos enseñandoles acerca de cómo debían amar. Este fue el objetivo de muchas de sus parábolas y de muchos de sus milagros. Al igual que los demás en el pueblo de Israel, fue difícil para los discípulos comprender que clase de amor esperaba Jesús de ellos. Para darse a entender, Jesús usó por ejemplo la metáfora de la luz. En Mateo 5:14 dijo: *"Yo soy la luz de mundo…"*. Así los discípulos pudieron entender, que así como la luna reflejaba una luz que no era propia, sino del sol, ellos debían reflejar a otros la luz de Cristo.

Más adelante, en su ministerio Jesús les dice que les va a enseñar un nuevo mandamiento. Los discípulos se asombraron porque la ley judía tenía 613 mandamientos y para cualquier judío era bien difícil cumplir con todos ellos. Pero Jesús los tranquiliza al explicarles, que este nuevo mandamiento no era para agregar una carga más al esforzado creyente, sino que era el más importante y esencial de todos los mandamientos que debían guardar y que resumía a todos los demás.

||| Pida a un alumno que lea Juan 13:34-35. |||

Esta fue una más de las enseñanzas revolucionarias de Jesús. Un mandamiento que en pocas palabras resumía el deseo del corazón de Dios para todos sus hijos e hijas. Solo quienes fueran obedientes a este mandamiento serían reconocidos como auténticos discípulos y discípulas de Jesús. Parece una instrucción sencilla de seguir, pero no es así. Esto es porque pensamos que el amor es un sentimiento que fluirá de nuestro ser, tan "naturalmente" como cuando nos enamoramos. Pero Juan no habla de este tipo de amor.

En el lenguaje del Nuevo Testamento se usan tres palabras con significados muy diferentes para amor. Por ejemplo, está el amor *eros*, que se refiere al deseo por tener algo que no se tiene. Es un amor que se enfoca en una persona, como en el caso del deseo sexual o en algún objeto. El amor *eros* está motivado por el deseo de satisfacer una necesidad personal o sentirse completo. Este amor motiva, al que ama de esta manera, a pensar en el objeto de su amor y también a hacer obras de amor por el ser amado.

La manera común de pensar acerca del amor es que debemos sentir primero, para tener la voluntad de pensar y hacer cosas buenas por la otra persona. El punto de partida de este amor radica en los sentimientos amorosos que otra persona nos despierta.

Pero el amor del que Jesús habla es el amor *ágape*, que es una forma de amar diferente. No tiene su origen en el objeto del deseo, sino en pensar sobre ¿cómo puedo demostrar el amor de Dios a esa persona? Es un amor que no depende para actuar de nuestros sentimientos. Cuando el amor de Dios ha llenado nuestro corazón, nuestra mente no debe estar gobernada por los sentimientos que los otros despiertan en mí, sino por la manera de pensar amorosa acerca del prójimo que aprendimos de Jesucristo.

> **Pida a los alumnos que completen la actividad 4.**

Es por eso que Jesús dijo que debemos aprender a amar de manera diferente a lo que hace la gente a nuestro alrededor.

||| Pida a un alumno que lea Mateo 5:46-47. |||

Cuando aprendemos a practicar el amor *ágape*, podemos amar aun a nuestros enemigos (Mateo 5:44). Pero recordemos que solo podemos amar así cuando cuando somos llenos del Espíritu Santo.

Si tratamos de reproducir un amor verdadero, justo y lleno de gracia como el de Dios, con nuestras propias fuerzas, vamos a fracasar. Solo es posible amar de esta manera, cuando así como un espejo, reflejamos la luz de Dios a otros.

||| Pida a un alumno que lea Romanos 5:5. |||

El apóstol nos dice que cuando somos llenos del Espíritu Santo, el amor de Dios es derramado en nuestro corazón. El amor es "el fruto" principal del Espíritu. Es un fruto que nos llena de propósito y de valores sobre los cuales construir nuestra vida. Pero el amor no viene solo, sino que cuando este amor se derrama sobre nosotros, nuestra vida se llena de fruto.

||| Pida a un alumno que lea Galatas 5:22-23. |||

> **Pida a los alumnos que completen la actividad 4.**

4. EL AMOR SE PUEDE APRENDER

Como hemos visto, necesitamos aprender una nueva forma de amar, diferente a la del mundo. El amor de Dios es un regalo para nosotros pero también es una tarea en la que debemos ocuparnos cada dia.

||| Pida a un alumno que lea 1 Corintios 14:1. |||

En este pasaje, el apóstol Pablo nos habla de cómo el fruto del Espíritu, cuando es derramado en nuestra vida, se hace visible a quienes nos rodean. En la forma de escribir griega lo primero que se menciona es lo más importante.

Pregunte a la clase: ¿Cuál es el fruto más importante que menciona Pablo? ¿Cuántos frutos más se producen en la vida del creyente lleno del Espíritu? Pídales que los mencionen. Luego saque la fruta cítrica y sepárela en gajos. Pregunte a la clase: ¿Cuántos gajos tiene esta fruta? Luego reparta los gajos para que los coman y pregunte: ¿A qué tiene sabor el gajo que usted está comiendo? ¿Porqué tienen todos el mismo sabor?

Así como una fruta cítrica, el fruto del Espíritu tiene muchos gajos pero todos tienen el mismo sabor distintivo del amor de Dios.

○ Luego pida a los alumnos que completen la actividad 5.

Los hijos e hijas de Dios somos responsables delante del Señor de desarrollar los frutos del Espíritu que nos ha regalado. Aprender a amar con este amor de Dios, lleno de gracia, justicia y verdad es una tarea que nos llevará el resto de nuestra vida. En las siguientes lecciones aprenderemos a desarrollar y poner en práctica estos frutos del amor en nuestro diario vivir.

○ Concluya la clase realizando la actividad 6.

Definición de términos claves

- **Amor:** *Ágape* y *agapao* son los términos griegos que el Nuevo Testamento usa para describir el amor de Dios hacia su Hijo (Juan 17:26), hacia toda la raza humana (Juan 3:16) y hacia los que creen en Jesucristo (Juan 14:21). Quienes siguen a Jesús deben expresarse este amor mutuamente (Juan 13:34) y también hacia todas las demás personas (1 Tesalonicenses 3:12). Este verbo se usa para describir el amor que es la naturaleza esencial de Dios (1 Juan 4:8). Es un amor constante y profundo que se preocupa aun por quienes no son merecedores de ese amor. Es un amor que se expresa en acciones a favor de otras personas, como lo hizo Jesús entregando su vida para nuestra salvación (1 Juan 4:9-10). Este amor es la práctica distintiva de los cristianos en el Nuevo Testamento. Es el amor con que debemos amar a Dios, respondiendo a su amor por nosotros.

- **Fileo:** La palabra griega *fileo* se emplea por los autores del Nuevo Testamento para describir el afecto entrañable entre hermanos, entre familiares, amigos o compañeros (Juan 3:35). Este amor surge de la amistad (2 Samuel 1:26) y el mayor ejemplo de este amor es Jesucristo (Juan 15:13-14). Jesús quiere que sus seguidores cultiven una relación de amistad profunda con Él y también entre ellos.

- **Eros:** El termino *eros* proviene de la mitología griega quienes tenían un dios con el nombre Eros que actuaba en los impulsos sexuales de los seres humanos. Los romanos tenían un dios semejante al que llamaban Cupido, quien disparaba sus flechas y hacía que las personas se enamoran. De este término deriva la palabra en idioma español *erotismo*. En la Biblia, el amor *eros* es la natural atracción física entre un hombre y una mujer, responde a la acción de las hormonas y al mandato de Dios de unirnos en matrimonio y reproducirnos para formar una familia. El amor *eros* es bendecido por Dios cuando se practica en los marcos establecidos por Dios, es decir dentro del vínculo matrimonial (Efesios 5:25).

Resumen

Los verdaderos hijos e hijas de Dios se conocen por su fruto. Cuando el Espíritu Santo nos llena, el fruto del amor de Dios viene a inundar nuestra vida. Esta clase de amor es diferente a la forma en que hemos aprendido a amar en el mundo. No es un amor que se origina en nuestros deseos o en nuestras necesidades emocionales o afectivas, como el amor *eros*. No depende de si las personas nos agradan o nos tratan bien. Es un amor que nace en una mente llena del amor de Dios, que piensa en maneras creativas de demostrar ese amor justo, verdadero y lleno de gracia del Creador a los demás. Es un amor que actúa en favor de otros, aun de aquellos que nos lastiman.

Hoja de Actividades

ACTIVIDAD 1
Señale en la siguiente lista de motivaciones egoístas, las que alguna vez le impulsaron a hacer algo bueno.

__ Adquirir fama o prestigio

__ Ganar dinero

__ Quedar bien con alguien (mi pareja, mis padres, mi jefe, etc.)

__ Hacer un trueque con Dios, para que Dios me conceda algo

__ Sumar puntos para ir al cielo

__ Ser elegido como líder en la iglesia

__ Obtener un certificado, medalla o premio

__ Evitar que me despidan

__ Ser aceptado en un grupo

ACTIVIDAD 2
¿Conoce a alguna persona atrapada en alguna de estas formas "torcidas" de amar?

__ Amor trueque: amo si me aman

__ Amor interesado: amor a cambio de dinero, protección, bienes

__ Amo al que me da la razón

__ Amor condicional: amo si me obedece

__ Amor duro: te maltrato porque te amo

__ Amor dependiente: amo porque te necesito

__ Amor infiel: amo cuando quiero

__ Amor obligado: amo porque es mi deber

__ Amor sumiso: amo porque tengo miedo

__ Amor que somete: amo porque es más débil

ACTIVIDAD 3

¿De cuál de las dimensiones del amor de Dios se habla en estos pasajes del libro de los Salmos? Marque con una x en el recuadro correspondiente.

	Justicia	Verdad	Gracia
Salmo 33:4-5			
Salmo 36:5-6			
Salmo 40:11-11			
Salmo 88:11-12			
Salmo 98:2-3			
Salmo 119:75-76			

ACTIVIDAD 4

Identifique en los siguientes diagramas de flujo de qué tipo de amor se trata y escríbalo debajo de cada uno.

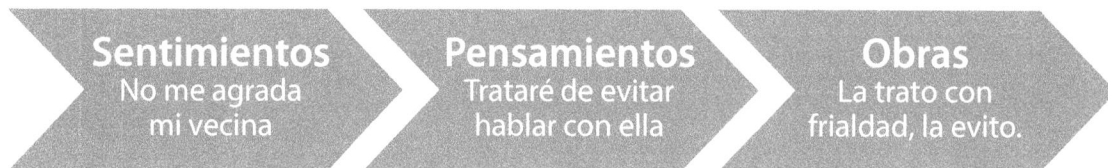

Amor _____

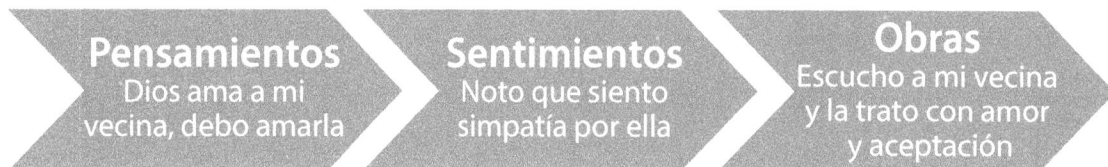

Amor _____

ACTIVIDAD 5

En grupo de 3 a 4 estudiantes observen el dibujo del árbol bueno y sus frutos espirituales. ¿Qué diferencias encuentran entre este árbol y el árbol malo que estudiamos en la lección anterior?

AMOR

DOMINIO PROPIO

GOZO

BONDAD

HUMILDAD

FIDELIDAD

AMABILIDAD

PACIENCIA

PAZ

EL BUEN ARBOL

Comunión con Dios

Disciplinas Espirituales

Lleno del Espíritu Santo

La Palabra

Compañerismo en la Iglesia

ACTIVIDAD 6

Responda a las siguientes preguntas y luego escriba una oración personal comunicando a Dios su decisión y pidiendo su ayuda para alcanzar las metas en las que le guiará este libro.

a. ¿Debo cambiar mi manera de amar a otros?

b. ¿Qué necesito hacer para aprender a amar como Dios ama?

c. ¿Necesito ser lleno o llena del Espíritu Santo y del amor de Dios?

d. ¿Quiero de todo corazón que Dios me enseñe a reflejar a otros su amor justo, verdadero y lleno de gracia?

e. ¿Qué cambios comenzaré a hacer esta semana en la manera en que demuestro el amor a otras personas?

_____

_____

_____

_____

_____

_____

Amor que produce alegría
LECCIÓN 4

Objetivos de la lección

Que el alumno...

- **Comprenda** que la tristeza no es parte de nuestra naturaleza.
- **Identifique** las maneras de cultivar la alegría de Dios en su vida.
- **Busque** en el Espíritu Santo el consuelo y la sanidad para las heridas emocionales que le causan dolor y tristeza.
- **Escoja** vivir cada dia con un corazón rebozante de alegría.

Recursos

- Fotos o dibujos de caritas tristes, serias y gente llorando.

Introducción

En la lección anterior estudiamos que el fruto del Espíritu Santo es amor, un amor que se expresa de diversas formas en la vida del cristiano. En esta ocasión vamos a tratar el tema del gozo, el fruto que sigue en la lista del apóstol Pablo en su carta a los Gálatas.

Es posible que en nuestra comunidad la gente piense que los cristianos somos personas aburridas y tristes ¿Habrá creyentes que piensan de la misma manera?

Muestre las imágenes de la gente triste y seria y pregunte a la clase: ¿Porqué creen que algunas personas tienen esta idea de que los cristianos somos tristes y aburridos? ¿Tendrá esta idea relación con la imagen que algunos cristianos proyectamos en nuestras comunidades?

En ningún lugar de la Biblia dice que la tristeza debe ser una de las características de la vida cristiana. Por el contrario, la alegría se incluye como una de las ocho cualidades del amor de Dios que otros deberían poder ver en nuestra vida.

La tristeza es algo que nadie desea. A causa de la tristeza las personas se enferman física, mentalmente y aún su espíritu puede decaer. Tal es así, que la tristeza se diagnostica como una enfermedad con el nombre de depresión. Las personas enfermas de tristeza no se alimentan bien, descuidan su higiene personal y hasta llegan a cometer suicidio y pueden llegar a dañar a otros o convertirse en asesinos. Las personas tristes tienen problemas para conservar a sus amigos y a sus parejas.

Pida a los alumnos que completen la actividad 1.

Algunos cristianos aceptan vivir en un estado permanente de tristeza como si este fuera su llamado y vocación. Acogen la tristeza como la voluntad de Dios para sus vidas. Algunas congregaciones evangélicas, aún hoy, imponen reglas a sus miembros acerca de no hacer demostraciones de alegría en público, de no asistir a fiestas organizadas por gente no cristiana, de vestirse con ropa en la gama del negro o gris, de cubrirse con un velo la cabeza las mujeres en los cultos, de no aplaudir en los cantos, entre otras.

Por la tradición católica romana, presente en la cultura de nuestros pueblos, algunos piensan que el sufrimiento que nos provocamos a nosotros mismos, cuando nos imponemos un sacrificio, como caminar hasta una catedral o ayunar por largos períodos, son cosas que agradan a Dios y que le conmueven a tal punto que responde a nuestras oraciones. Otros creen que no es posible que el cristiano sea feliz en este mundo, que la única felicidad que podemos anhelar es la que tendremos en la vida eterna.

Hacer de la tristeza un estilo de vida, es como afirmar que Dios es el creador del sufrimiento. Pero, como veremos en esta lección, el deseo del corazón de Dios es que sus hijos e hijas seamos alegres, vivamos felices en esta vida y contagiemos felicidad a quienes nos rodean.

1. SOMOS HIJOS E HIJAS DE UN PADRE ALEGRE

La tristeza nos enferma porque no es parte de nuestra naturaleza, por eso buscamos huir de ella llenándonos de actividades, pero lo más decepcionante es que la tristeza sigue allí cuando el escape termina. Si buscamos en los buscadores de Internet encontraremos que hay más de 4 millones de páginas con recetas para "escapar" de la tristeza.

○ Pida a los alumnos que completen la actividad 2.

Dios imprimió su alegría en su creación. En el jardín del Edén la tristeza era algo desconocido. Los seres humanos vivían felices hasta que el pecado entró en la raza humana. A partir de allí, la búsqueda de la felicidad por diferentes medios ha sido el afán de las personas. Para ello recurren al alcohol, al sexo desordenado, a la acumulación de bienes materiales, al ocultismo y las falsas religiones. Pero su tristeza se hace mayor al ver que sus esfuerzos son inútiles y no pueden llenar el vacío en su interior.

La Palabra afirma que Dios es nuestro padre y como el buen padre que es, desea que sus hijos e hijas sean felices. Nuestra felicidad es tan importante para Dios que el apóstol Pablo la menciona en segundo lugar en el fruto del Espíritu, después del amor.

Pida a un alumno que lea Sofonías 3:17-18. Luego pregunte a los alumnos: ¿Qué promesa hace Dios a su pueblo por medio del profeta Sofonías?

Para algunos de nosotros es difícil comprender y aceptar que Dios nos ama de esta manera, quizás porque nuestro padre o madre nos rechazó o nos maltrató. Algunos hemos tenido padres ausentes, o padres más ocupados en buscar su propia felicidad que en cuidar de sus hijos. Pero Dios no es un padre así.

La promesa que Dios hizo al pueblo de Israel por medio del profeta Sofonías, lo es también para cada uno de nosotros hoy. El amor de Dios es poderoso para sanar nuestras heridas, para renovar nuestros corazones e imprimir su alegría en cada uno de sus hijos e hijas.

Cuando miramos nuestra vida a través de los ojos de Dios, comprendemos que él no nos vé como una carga, sino que somos la fuente que alegra su corazón y le hace cantar. ¡Sus hijos e hijas somos su alegría!

2. JESÚS QUIERE TRANSMITIRNOS LA ALEGRÍA DEL PADRE

Hay quienes piensan en Jesús como alguien que aceptó con resignación el sufrimiento, como alguien que sirvió a otros sí, pero que por dentro estaba lleno de dolor al ver lo pérdida que estaba la humanidad. Le imaginan cargando el gran peso de la cruz, visualizan a un moribundo colgando, sangrando y aceptando una muerte larga y dolorosa.

Es verdad que Jesús se entregó y fue inmolado como cordero de Dios, para que nosotros podamos ser libres del poder del pecado. Pero el propósito de su muerte no fue que seamos infelices, todo lo contrario... ¡que hallemos la felicidad de la salvación!

La Biblia afirma que Jesús es nuestro modelo en todo. Su relación íntima con el Padre y su dependencia del Espíritu Santo llenaban su vida de un gozo que se irradiaba a los demás. Su alegría no dependía de las circunstancias ni de la gente que le rodeaba, ni de sus logros personales. La fuente de la alegría de Jesús era la relación cercana que tenía con su Padre.

Jesus no temía demostrar su alegría. Su corazón se alegraba con las cosas sencillas de la vida.

···○ **Guíe a sus alumnos a completar la actividad 3.**

La gente podía ver en Jesús a una persona plenamente feliz y la gente que lo seguía era contagiada de su alegría. Jesús era un entusiasta por la vida y cada día que vivió en esta tierra, estuvo lleno de propósito. Él deseaba transmitir a sus discípulos esta alegría en plenitud que llenaba y rebalsaba su corazón.

Antes de su martirio, Jesús oró una vez más por sus seguidores. podemos ver la preocupación de Jesús de que sus discípulos no perdieran la alegría, en los momentos difíciles que se avecinaban.

Ⅲ Pida a dos voluntarios que lean Juan 15:11 y 17:13. Ⅲ

Jesús sabía que no es posible permanecer en la vida cristiana sin la alegría del Padre. Una traducción mejor de este pasaje sería así: … *"para que en ellos mi alegría sea perfecta en plenitud"*. Algo que caracteriza a nuestro Dios es su generosidad, él no es mezquino con ninguna de sus bendiciones para sus hijos e hijas. El Espíritu Santo nos llena de la misma alegría del Padre, la misma alegría que llenaba a Jesús. Recibirla y cultivarla depende de nosotros.

Dios no ignora nuestra tristeza y dolor. Los cristianos vivimos en un mundo donde hay maldad y esa maldad que nos rodea muchas veces nos causa dolor y tristeza. Por eso Jesús nos ha enviado al Espíritu Santo quien es nuestro Consolador.

Ⅲ Pida a los alumnos que lean al unísono Juan 16:22. Luego pregunte a la clase: ¿En qué consiste la promesa de Jesús para sus hijos e hjas cuando atraviesan por tristeza? Ⅲ

La promesa de Jesús es que ningún dolor o tristeza será permanente, cuanto mucho podrá durar hasta la muerte física o hasta que Jesús regrese y nos lleve con él a su reino eterno. Jesús prometió que la tristeza será quitada y nuestro corazón será lleno de gozo, una alegría que permenece y nadie podrá quitar.

No debemos olvidar que el deseo de Dios para sus hijos e hijas es que vivamos una vida abundante y llena de gozo. En la Biblia nunca se condena que disfrutemos de las bendiciones que recibimos de Dios. Pero sí se condena el poner nuestra esperanza en los bienes, el ser desagradecidos con lo que recibimos de Dios y el no compartir con otros (1 Timoteo 6:17).

3. ¿CÓMO CULTIVAR LA ALEGRÍA?

Esta alegría que es fruto del Espíritu y que permanece aún en las pruebas más duras, era la característica que distinguía a los primeros cristianos. Ellos vivieron en un contexto de persecusión religiosa en dónde muchos fueron torturados, esclavizados, asesinados, semejante a lo que muchos de nuestros hermanas y hermanos enfrentan en los países árabes y comunistas en nuestros dias.

Sin embargo, los cristianos del mundo occidental preferimos evitar todo lo que pueda causarnos dolor, escapamos de los problemas y buscamos el camino más fácil. Las palabras del apóstol Santiago pueden sonarnos extrañas… En Santiago 1:2-3 dice: *"Hermanos míos, tengan por sumo gozo cuando se encuentren en diversas pruebas sabiendo que la prueba de su fe produce paciencia"* (VRV 1995).

Santiago nos anima a enfrentar los tiempos difíciles con gozo, ya que las pruebas en lugar de debilitarnos, cuando las enfrentamos como lo que son, una prueba de nuestra fe, nos fortalecen. Pero para tener esa capacidad de resistir a las dificultades con gozo, debemos ejercitar nuestros músculos de alegría practicando de manera constante las siguientes disciplinas espirituales:

La lectura de la Palabra de Dios nos llena de alegría, como afirma el Salmo 119:162: *"Yo me gozo en tu palabra como el que halla abundante botín"* (VRV 1995). El salmista testifica que esa alegría es más preciada para él que encontrarse un tesoro.

El reunirse con otros creyentes para compartir los unos con los otros es otra de las disciplinas que alimenta nuestro gozo. En la iglesia primitiva, los cristianos experimentaban gran alegría al escuchar los testimonios de los nuevos convertidos (Hechos 15:3) y del avance de la iglesia en los campos misioneros. Se alegraban al escuchar noticias de los apóstoles y hermanos que estaban lejos sirviendo al Señor. Se alegraban al reencontrarse luego de un tiempo de no verse. La hermandad cristiana era una práctica que alimentaba su alegría.

El gozo en los primeros cristianos era tan firme que ni la persecución, ni las carencias económicas podían arrancarlo de sus corazones (2 Corintios 6:10). En medio de las pruebas buscaban el consuelo del Espíritu Santo y se animaban unos a otros. Practicaban la caridad cristiana, compartiendo con los que tenían necesidades entre ellos y oraban los unos por los otros. Cuando practicamos la disciplina del servicio nos llenamos de gozo.

No obstante, **la oración constante** es la disciplina más importante para permanecer siempre alegres. Pablo afirma en 1 Tesalonicenses 5:16-17: *"Estén siempre alegres, oren sin cesar."* Cuando conversamos con Dios, su alegría se transmite a nosotros y nos llena hasta que rebalsa nuestro corazón, sana las heridas del pasado y del presente, aleja la tristeza y los pensamientos derrotistas son cambiados por promesas llenas de esperanza.

En la vida cristiana debemos aprender *el lenguaje de alabanza* y practicarlo en la oración, en nuestras conversaciones con otras personas y también en los cantos.

·······························o **Pida a los alumnos que realicen la actividad 4.**

El idioma de la queja, de la derrota, de la desesperanza no es compatible con la alegría que acompaña a la llenura del Espíritu Santo. Cultivamos la alegría cuando hacemos de nuestra vida una expresión de alabanza a Dios.

4. La alegría se puede perder

Si no cultivamos la alegría podemos perderla. Salmo 51:12a dice: *"Devuélveme la alegría de tu salvación…"* Este Salmo fue escrito por el rey David. Él había experimentado desde muy joven la felicidad de Dios en su vida. En el Salmo 23:5; se sentía tan feliz que exclamó *"mi copa está rebozando"*. David había aprendido a agradecer y alabar a Jehová cuando todo andaba bien y también en medio de los problemas.

Pero ocupado en los asuntos del reino, se alejó de la comunión con su Dios y cayó en pecado, cometiendo adulterio con Betsabé y luego trató de ocultarlo, enviando al esposo a la posición más peligrosa de la batalla, para que muriera bajo las flechas enemigas. David había perdido el gozo, ya no oraba, ya no cantaba alabanzas, la tristeza invadió su corazón. Él era el hombre más rico y poderoso de Israel, él podía hacer cualquier cosa que quisiera para alegrarse, pero nada le sirvió para recuperar la felicidad de Dios, que se había alejado de su corazón. Es por eso que clama a Dios, seguramente con muchas lágrimas, sintiéndose hundido en la más profunda tristeza, sintiendo que su vida ya no tenía sentido si Dios no le restablecía la alegría de la salvación.

Al igual que David, nosotros experimentamos por primera la vez la alegría de Dios como resultado de la experiencia de salvación. Luego, por medio del discipulado, vamos aprendiendo a reenfocar nuestra vida de acuerdo a la Palabra de Dios. Paso a paso, somos transformados en la manera de pensar, de sentir y de actuar. Dejamos de hacer algunas cosas, porque ya no nos transmiten felicidad y comenzamos a hacer otras, que nos llenan de una alegría que no habíamos experimentado antes y que los que no son cristianos no pueden comprender.

Esto se debe al cambio que ocurre en nuestra manera de pensar cuando reordenamos nuestras prioridades y deseos conforme a la voluntad de Dios. Las cosas que antes nos entristecían, como por ejemplo no poder comprar un par de zapatos que queríamos, ahora no nos afectan de la misma manera. Pero otras cosas, a las que antes no le dábamos mucha importancia, como ayudar a una persona anciana a cargar la bolsa del mercado, ahora nos llenan de satisfacción.

En esta nueva vida, pronto descubrimos que no cambiaríamos ninguna de las fuentes de alegría externas, que anteriormente producían en nosotros un estado temporal de alegría, por esta fuente de alegría plena e inagotable de Dios que vino a nuestro corazón para quedarse.

○ Pida a los alumnos que completen la actividad 5, 6 y 7.

Luego pregunte a la clase: ¿Qué produce la alegría del Espíritu Santo?

Cuando le pedimos a Dios que nos llene de su Espíritu Santo, la alegría del Padre inunda nuestro corazón. Pero, así como le ocurrió a David, podemos distanciarnos poco a poco de la comunión con Dios y perder también la alegría. Para que esto no nos ocurra, debemos cuidar este tesoro, cultivándolo por medio de diversas disciplinas espirituales, así como lo hacían los primeros cristianos.

Definición de términos claves

- **Gozo:** La palabra del Nuevo Testamento en griego para el gozo que es fruto del Espíritu es *caris*. Esta palabra es muy usada en las Escrituras sobre todo en los evangelios y en los escritos del apóstol Pablo. Significa básicamente un sentimiento de felicidad interior que se manifiesta en palabras, gestos y actos de alegría y júbilo.

- **Alabanza:** Palabras o canciones con las que se alaba a Dios declarando su gloria y sus grandes obras a favor de su pueblo, dando gracias por su salvación, su provisión y todo lo que ha hecho, hace y hará por amor a su Iglesia.

- **Caridad:** Actitud de solidaridad hacia las personas que sufren diversas necesidades, que se brinda por medio de ayuda económica, alimentos, ropa, vivienda, atención médica, educación y cualquier otro tipo de asistencia según el caso.

Resumen

La alegría es una de las más evidentes características de la vida cristiana. Es un fruto del Espíritu que llena nuestra vida y que somos responsables de ejercitar por medio de diferentes disciplinas espirituales. Cuando vengan las pruebas, estar fortalecidos en el fruto del gozo, nos ayudará a resistir y salir victoriosos, en lugar de hundirnos en un abismo de tristeza. No podemos evitar los tiempos duros, pero podemos enfrentarlos con fe y esperanza, sabiendo que ninguna prueba, por más fuerte que sea, puede separarnos de la comunión con Dios, quien es la fuente inagotable de alegría.

Hoja de Actividades

ACTIVIDAD 1

La enfermedad de tristeza (depresión) puede presentar síntomas diferentes en cada persona. Identifique en el siguiente test si usted presenta alguno de estos síntomas actualmente en su vida.

__ Anhedonia: No siente placer o satisfacción en casi todas las actividades que antes disfrutaba.

__ Disfunción erectil en los hombres: Incapaz de tener o mantener una erección para tener relaciones sexuales.

__ Incapacidad para alcanzar el orgasmo: No disfruta del acto sexual con su pareja como antes.

__ Baja autoestima.

__ Sentimientos de angustia, nerviosismo.

__ Paralizarse y no poder desempeñar sus tareas habituales.

__ Cansancio o fatiga sin razón aparente.

__ Pensamientos negativos o suicidas.

__ Cambios en el estado de ánimo: Va de la euforia a momentos de tristeza.

__ Trastorno de sueño: No duerme bien, no descansa.

__ Pérdida del apetito.

__ Falta de concentración.

ACTIVIDAD 2

¿Qué hace cuando se siente triste y aburrido? Señale las actividades que ha escogido alguna vez, para escapar de la tristeza y el aburrimiento, entre las siguientes opciones.

__ Salgo a correr o caminar

__ Practico deportes al aire libre

__ Voy al gimnasio

__ Salgo de vacaciones

__ Bebo bebidas embriagantes solo o con amigos

__ Tomo medicinas o drogas

__ Miro TV, películas o series de internet

__ Miro deportes

__ Voy al cine

___ Leo una novela

___ Navego en la computadora

___ Miro pornografía

___ Trabajo hasta caer dormido de cansancio

___ Salgo de compras

___ Llamo a un amigo o a mi madre

___ Duermo

___ Salgo a bailar con amigos

___ Escucho música

___ Como algo rico

___ Lloro

___ Limpio la casa hasta que brilla

ACTIVIDAD 3

En grupos de 3 estudiantes investiguen en los siguientes pasajes las ocasiones que alegran el corazón de Dios, de Jesús y de los ángeles de Dios. Ordenen las columnas, colocando la letra de la columna a la derecha, en la línea que corresponde para cada versículo en la columna de la izquierda.

___ Mateo 11:25	A.	Comer con nuevos amigos.
___ Mateo 19:14	B.	La receptividad de los niños a la Palabra.
___ Lucas 15:5-10	C.	Reunirse con su Iglesia.
___ Juan 3:29	D.	La alegría de los niños.
___ Lucas 19: 5-10	E.	Completar una obra encomendada por Dios.
___ Juan 17:4	F.	Un pecador arrepentido.

ACTIVIDAD 4
Señale en la lista siguiente con una letra A aquellas formas de hablar y de actuar, que transmiten alabanza y con una letra T, aquellas que transmiten tristeza y desesperanza.

__ Animar a otros con promesas de Dios.

__ Usar palabras indecentes o degradantes.

__ Repetir o reenviar chistes sexistas que degradan a las personas por su sexo.

__ Usar lenguaje crítico negativo al hablar de otros o de uno mismo.

__ Visitar a un enfermo y orar por su sanidad.

__ Criticar a mi pareja cuando estoy con otros.

__ Ventilar asuntos íntimos de mi pareja o de un amigo que me fueron confiados en secreto.

__ Burlarse de otros o poner apodos señalando sus defectos.

__ Agradecer a Dios por el pan de cada día.

__ Recibir con amor y aceptación al hermano/a que había caído en pecado.

__ Guardar una parte del diezmo, por si hay una emergencia en la familia.

__ Servir en la iglesia de mal humor, por obligación.

__ Agradecer a mis líderes espirituales con pequeños detalles.

__ Cantar coros en la mañana mientras preparo el desayuno a mi familia.

__ Gritarle a mi hijo/a cada vez que deja su cuarto en desorden.

__ Llorar de alegría en medio de los cantos de alabanza.

__ Consolar a un niño pequeño que se lastimó jugando.

__ Mostrar una sonrisa sincera cuando saludo a los hermanos en la iglesia.

__ Agradecer a Dios por la belleza de su creación.

__ Quejarme con el pastor todos los domingos por algo que no estoy de acuerdo.

__ Insultar a un mal conductor en la calle.

__ Compartir el evangelio y orar por la salvación de un amigo o amiga.

ACTIVIDAD 5
En los siguientes pasajes de la Escritura investigue lo que produce el fruto de la alegría en la vida del creyente.

Nehemías 8:10 _____

Salmos 16:9 _____

Salmos 43:4 _____

Isaías 51:3 _____

Hechos 2:26 _____

Romanos 15:13 _____

ACTIVIDAD 6
Responda a las siguientes preguntas:

1. En este momento, ¿se siente triste, desanimado/a, deprimido/a al punto que no puede vencer ese sentimiento de tristeza que le inunda?

2. ¿Necesita recibir sanidad de heridas emocionales de su pasado, que ha cargado por mucho tiempo?

3. ¿Ha perdido la comunión con Dios por algún pecado que ha cometido?

4. ¿Lucha cada día con pensamientos negativos y derrotistas?

5. ¿Su estado la mayoría del tiempo es de mal humor y enojado/a? ¿Su forma de hablar con otros es con frecuencia agresiva?

6. ¿Se siente envidioso/a por la felicidad de otras personas porque piensa que es algo que usted no puede tener?

Si ha respondido si a alguna o varias de estas preguntas, hable después de la clase con su maestro o pastor para recibir consejo y guía espiritual.

ACTIVIDAD 7
Haga una lista de las cosas que hará este año para cultivar la alegría de Dios en su vida. Luego en oración haga un compromiso con Dios y comuníquele su deseo de ser lleno abundantemente con esta alegría que Él ha prometido a sus hijos e hijas.

Mis notas

Amor que nos hace instrumentos de paz
LECCIÓN 5

Objetivos de la lección

Que el alumno...

- **Identifique** las áreas de su vida que carecen de paz.
- **Describa** los efectos beneficiosos de la paz que es fruto del Espíritu.
- **Comprenda** que la paz inicia en la mente, dirige las emociones y mueve nuestras acciones.
- **Se comprometa** a ser un hacedor de paz, siguiendo el modelo de Jesucristo.

Recursos

- Periódicos o artículos impresos de periódicos digitales con noticias del último mes, sobre situaciones de guerra, conflicto, violencia en su país o zona. También pueden ser estadísticas de suicidios, asesinatos, hechos de violencia, desacuerdos entre políticos, entre empresas, entre el gobierno y sindicatos y otros.

La tercera bendición que es fruto del Espíritu mencionada en Gálatas 5:21 es paz. La palabra griega que el apóstol Pablo utiliza para describirla es *"eirene"*. Veamos el significado de este término según se usa en el Nuevo Testamento:

[[[Dibuje el gráfico en la pizarra:]]]

PAZ EIRENE

Relaciones armónicas
- entre las personas
- entre naciones
- entre Dios y las personas

Estado Mental
- reposo
- contentamiento

Orden
- en el estado
- en la iglesia

Amistad
- ausencia de agresión

Como vemos, la paz que recibimos del Espíritu no puede definirse meramente como la ausencia de guerra o de conflicto armado entre naciones. Se refiere a un estado de paz que abarca todo nuestro ser, inundándonos de un sentimiento de armonía interior que se refleja en nuestras relaciones con el mundo exterior. Pero para los cristianos que vivimos en medio de este mundo turbulento, toda esta idea de paz puede parecernos nada más que un sueño romántico, imposible de realizar.

A nuestro alrededor hay un mundo en guerra. Más allá de los conflictos armados o las diferencias políticas que existen entre algunas naciones, en todos los planos abundan las relaciones hostiles. A nivel individual, las personas se toleran poco entre sí, se enojan con facilidad, rompen relaciones, se divorcian, ganan enemigos, discuten a diario, se agreden y no saben cómo resolver sus diferencias y conflictos.

También vivimos en medio de nuevos tipos de guerras, como la guerra de las empresas, la guerra psicológica, la guerra de los cárteles de la droga, la guerra política entre candidatos, la guerra televisiva por el *raiting*, la guerra entre sindicatos y gobiernos y la lista sigue. Pareciera que no tuvieramos la opción de estar fuera de esta guerra que nos hemos declarado los unos a los otros.

[[[Reparta los periódicos o los recortes de noticias y pida a los alumnos que describan qué tipos de guerras se libran en su contexto actual.]]]

○ Luego pida a los estudiantes que completen la actividad 1.

En esta lección vamos a preguntarnos: ¿Es posible experimentar este fruto de la paz en medio de un mundo en guerra? ¿Cómo podemos los cristianos ser instrumentos de paz para quienes nos rodean?

1. Somos hijos e hijas de un Dios de paz

Es difícil imaginar lo que es vivir en un mundo en paz, donde cada persona está en paz consigo misma, con su Dios, con los otros y con la creación. Pero así era en el jardín del Edén cuando no había pecado en el corazón humano.

||| Pida a un estudiante que lea 2 Corintios 13:11. |||

El apóstol les recuerda a los hermanos de la iglesia en Corinto, quienes habían tenido unas cuantas diferencias de opinión recientemente, que nuestro Dios es un Padre de paz y amor. El apóstol declara que la única manera de permanecer llenos de alegría y paz, es aprendiendo a vivir en armonía los unos con los otros.

Adán y Eva, habían disfrutado del fruto pleno del Espíritu de Dios en sus vidas, hasta que cayeron en pecado. El amor que se tenían el uno al otro, fue reemplazado por acusaciones, la unidad cambió a enemistad, la alegría fue reemplazada por tristeza, culpa y vergüenza. La serpiente (Satanás) sabía que si rompía ese vínculo de confianza entre la primer pareja y su Creador, ellos estarían a su merced.

Cuando las relaciones entre los seres humanos y Dios se quebraron, todas las demás relaciones lo hicieron también. La mujer pasó de ser igual a ser un objeto de deseo, sometida al hombre. Los hombres y mujeres fueron esclavizados. La humanidad cambió su rol de cuidadora de la creación, por el de agresora y destructora del mundo natural.

A partir de ese momento, la historia humana se caracterizó por hechos de crueldad, sometimiento, esclavitud, matanzas, guerras. El pueblo de Israel no estuvo exento y, salvo por escasos periodos de paz, vivió casi siempre en tiempos de guerra, inseguridad y conflictos. En medio de este estado general de inseguridad, el profeta Isaías animaba al pueblo anticipando la venida de un Príncipe de paz.

||| Pida a un estudiante que lea Isaías 9:6. |||

Dios le pide al pueblo de Israel que tuviera paciencia, que la paz de Dios, esa paz perdida y tan deseada, ya estaba en camino. La paz prometida, vendría en forma de una persona, quien habría de llamarse Jesús de Nazareth. El cordero enviado por Dios, no solo terminaría con el sufrimiento y la enfermedad, frutos del pecado, también restauraría la paz a todo nivel.

2. Jesucristo nos dejó su paz

La noche del nacimiento de Jesús los ángeles proclamaron en el cielo: *"¡Gloria a Dios en las alturas y en la tierra paz, buena voluntad para con los hombres!"* (Lucas 2:14) ¡No fuimos nosotros, sino Dios quien tomó la iniciativa para hacer la paz con la humanidad! En aquel niño, Dios demostró su buena voluntad. En Jesús, la semilla de paz se sembró y comenzó a crecer en este mundo.

Al estudiar los libros del Nuevo Testamento, no nos cabe duda de que Jesucristo es esa semilla de paz.

Jesucristo, la paz de Dios hecha hombre, vino al mundo. La semilla de la paz puede hoy crecer en nuestros corazones, gracias a que el poder de Satanás fue derrotado en la cruz. Isaías 53:5 dice: *"Él fue traspasado por nuestras rebeliones, y molido por nuestras iniquidades; sobre él recayó el castigo, precio de nuestra paz, y gracias a sus heridas fuimos sanados."* Satanás no tiene ningún poder sobre nuestra vida, a menos que nosotros le demos permiso. Pero si hay algún área de nuestro ser, que aún no ha sido sometida a Jesucristo, no podremos experimentar la paz plena que Dios quiere darnos.

⫼ Pida a un estudiante que lea Romanos 16:20. ⫼

En Romanos 16:20 Pablo afirma que Jesucristo es quien tiene el poder de aplastar a Satanás y ponerlo bajo nuestros pies. Dios anticipó en Génesis 3:15: *"Pondré enemistad entre tú y la mujer, y entre tu simiente y la de ella; su simiente te aplastará la cabeza, pero tú le morderás el talón."* Esta promesa tuvo su cumplimiento en Jesucristo y está disponible para nosotros hoy.

A partir del sacrificio de Jesús en la cruz, se abrió el camino para que todas las relaciones puedan ser restauradas. La reconciliación del ser humano con Dios en la experiencia de salvación es el inicio. A partir de allí, gracias a la obra del Espíritu Santo, la paz de Dios se derrama en el corazón de cada discípulo de Jesús y todas sus otras relaciones van siendo restauradas.

⫼ Pida a los estudiantes que lean Colosenses 1:19-20 y que observen la gráfica de la actividad 3. Pregunte a la clase: ¿Por qué es tan importante la restauración de las relaciones con nosotros mismos, con otros y con la Creación para vivir en paz? ⫼

Es por eso que Jesucristo, con todo derecho y autoridad, antes de regresar al cielo con su Padre, les dijo a sus discípulos que les dejaba su paz.

3. El Espíritu Santo, el gran pacificador

El regalo más grande que trae el Espíritu Santo a nuestra vida es paz. No sería posible para nosotros tener la experiencia de esta paz plena sin el ministerio del Espíritu Santo.

⫼ Pida a los estudiantes que lean al unísono Juan 14:25-27. Luego pregunte a la clase ¿Qué cosas le roban la paz hoy a los cristianos? ⫼

Jesús estaba preparando a sus discípulos para el duro tiempo que enfrentarían, no solo porque su Maestro iba a ser crucificado, sino porque luego de verle resucitado, volverían a separarse de Él, ya que regresaría al cielo con su Padre. Hasta aquí, Jesús había sido su maestro, les dirigía en la misión, pero también, había sido quien los mantuvo centrados en el camino de la paz. Al partir Jesús, es el Espíritu quien asume estas tres funciones tan necesarias para la permanencia de los discípulos y para la salud de la naciente iglesia: sería su maestro, su guía en la misión y su paz. ¿Cómo podemos experimentar la paz que el Espíritu nos quiere transmitir?

⫼ Pida a un estudiante que lea 1 Tesalonicenses 5:23. ⫼

La única manera de experimentar la paz plena de Dios es vivir en santidad. La vida de santidad y la paz espiritual vienen juntas. Pero, para que esa paz sea completa, debe llenar nuestro espíritu, alma y cuerpo, es decir, todo nuestro ser y revelarse al mundo en nuestras acciones.

Paz espiritual

El primer área de nuestro ser que se llena de la paz de Dios es el espíritu. Romanos 5:1 afirma: *"Justificados, pues, por la fe, tenemos paz para con Dios por medio de nuestro Señor Jesucristo…"* Cuando el Señor ha limpiado nuestros pecados y vivimos una vida santa y transparente delante de Él, nuestro espíritu está en paz con Dios. La paz del espíritu humano solo es posible cuando deponemos las armas que habíamos levantado en rebelión contra Dios y nos rendimos al señorío de Cristo, aceptando vivir bajo las leyes de su reino.

Paz mental

La paz de la mente es un don preciado para la gente contemporánea. Recibe diferentes nombres: paz anímica, paz del alma, paz interior, paz mental. Se la describe como un estado de quietud, de tranquilidad, de calma interior, de ausencia de inquietud, ansiedad, preocupación o angustia.

▌▌▌ Pida a un estudiante que lea Salmo 4:8 y pregunte a la clase: ¿Cómo describe el salmista esta paz que viene de Dios? ▌▌▌

El salmista describe un estado de paz mental o paz psíquica que le hace lograr un sueño profundo y restaurador por las noches. Un sueño así, nos llena de energía, nos ayuda a estar de buen ánimo durante el día. Todas las células de nuestro cuerpo se regeneran con una noche de sueño tranquilo, profundo y reparador.

Para vivir en paz necesitamos una mente pacífica. En Juan 15:25-27, Jesús dijo que es el Espíritu quien mantiene fresca la memoria de lo que aprendimos de la Palabra, incluyendo los buenos ejemplos que tenemos en Jesús. También, nos recuerda las experiencias de otras personas que caminaron en la fe antes de nosotros, las enseñanzas que recibimos de nuestros maestros y maestras en la iglesia y los buenos consejos de nuestros hermanos en la fe. El Espíritu Santo puede hacer esto, solo si hemos dedicado tiempo a aprender de la Palabra y si hemos llenado nuestra mente de enseñanzas valiosas para la vida cristiana. Entonces cuando llega el momento, el Espíritu puede traer de nuestro inconsciente lo que necesitamos recordar de la Palabra de Dios, para que así podamos hacer frente a cada situación que nos perturba.

Cuando las circunstancias que nos rodean hacen que nuestro espíritu y mente se inquieten, en lugar de tratar de buscar una solución según nuestra inteligencia, tomemos un tiempo para orar y dejar que el Espíritu Santo actúe. Si aprendemos a desviar nuestro pensamiento del problema, para enfocarnos en la Palabra Dios y orar pidiendo ser inundados de la paz de Dios, podremos tener nuestra mente tranquila en todo tiempo. Aunque al momento no veamos la solución, podemos descansar tranquilos en que Dios nos mostrará oportunamente la salida.

▌▌▌ Pida a un estudiante que lea Filipenses 4:7. ▌▌▌

Esta paz que invade nuestro espíritu y mente también llega a pacificar las emociones y la voluntad. Nuestras emociones y voluntad dependen de nuestros pensamientos. Si nuestra mente está intranquila, también lo estará nuestra manera de sentir y la forma en que nos comportemos. Para tener paz con otras personas, primero tenemos que tener pensaminetos de paz para con ellas.

Paz para el cuerpo

Cuando una persona está enferma, cuando pierde la salud, generalmente pierde también la paz. La enfermedad y el deterioro que sufre nuestro cuerpo físico es una de las consecuencias del pecado. Una enfermedad puede ser ocasionada por la propia persona que la padece o por el entorno que la rodea.

Hay enfermedades que son el resultado del pecado personal o de una mala mayordomía de nuestro cuerpo. Somos responsables de lo que comemos, del ejercicio que realizamos, de la carga de trabajo que llevamos, del descanso que guardamos, etc. Otros padecimientos son causados por vicios y pecados que involucran al cuerpo, como el libertinaje sexual, las adicciones al tabaco, drogas, alcohol, entre otras. También hay enfermedades de las cuales no somos responsables, pero que podemos adquirir por herencia genética, por vicios de personas con las que convivimos (como el tabaco), por mala mayordomía de la creación de nuestros vecinos (como contaminación del agua, aire y suelo) y otros.

Mientras vivamos en un mundo contaminado por el pecado, no tendremos sanidad perfecta para nuestros cuerpos, sin embargo, es cierto también que la vida de santidad, trae grandes beneficios a nuestra salud integral. Esto se debe primeramente al abandono del pecado.

⫘ Pida a un estudiante que lea Juan 5:14. Pregunte a la clase: ¿Por qué Jesús le hace esta advertencia al paralítico? ⫘

Cuando Jesús hacía milagros de sanidad, al despedirse de las personas que habían depositado su fe en Él, las enviaba sanas y en paz. En Marcos 5:34, Jesús despide a la mujer que había sanado del flujo de sangre diciendo: *"Hija, tu fe te ha salvado. Vete en paz y queda sana de tu enfermedad"*. Esta mujer por doce años había vivido con una guerra en su propio cuerpo. Cuando enfermamos nuestro cuerpo, se convierte en un campo de batalla entre bacterias, virus y gérmenes… La sanidad llega cuando el Espíritu de Dios derrota a estos ejércitos dañinos.

Además, la mujer había vivido llena de temor, con dolor. Por doce años fue privada del afecto de su familia, ya que a causa del flujo de sangre, la ley vigente la consideraba impura. Esa misma ley le prohibía ir al templo a buscar ayuda de parte de Dios. Al parecer era una mujer que había tenido recursos económicos, pero había quedado en pobreza, pues los médicos le habían quitado todo su dinero, con falsas promesas de encontrar una cura para su condición.

La enfermedad le había robado la paz. Jesús no solo restaura su salud, sino que la envía a recomenzar su vida en completa paz. No sabemos que causó su enfermedad, ni todos los desprecios y maltratos que padeció en esos largos años. Pero de ahora en más, ella tenía que perdonar y comenzar una nueva vida en paz con todos.

⫸·····················o Pida a los estudiantes que completen la actividad 5.

4. SIRVIENDO AL MUNDO COMO INSTRUMENTOS DE PAZ

Jesús enseñó a los discípulos a vivir en paz entre ellos y también con los demás. En varias ocasiones, los discípulos intentaron arreglar los conflictos a su manera o a la manera de su cultura, veamos unos ejemplos.

En uno de sus viajes, los discípulos se enojaron con los habitantes de Samaria que les negaron alojamiento y comida. Jacobo y Juan propusieron lo que pensaban era una retribución "justa", por el trato descortés que habían recibido. Ellos preguntaron: *"Señor, ¿quieres que mandemos que descienda fuego del cielo, como hizo Elías, y los consuma?"* (Lucas 9:54).

La reacción de Jesús no se hizo esperar. El evangelio dice que los reprendió con estas palabras: *"Vosotros no sabéis de qué espíritu sois, porque el Hijo del hombre no ha venido para perder las almas de los hombres, sino para salvarlas"* (Lucas 9:55-56). Jesús les deja en claro que el avance de su reino nunca sería por medio de las armas y la violencia. La paz nunca se puede alcanzar por medios violentos. El reino de Dios es un reino de conquista, somos llamados a conquistar las almas de las personas por medio del evangelio de gracia, amor y paz.

Por este tipo de reacciones explosivas, los hermanos Juan y Jacobo, hijos de Zebedeo, recibieron el apodo de "hijos del trueno" (Marcos 3:17). Ellos fueron protagonistas de otro hecho interesante.

||| Pida a un estudiante que lea Mateo 20:20-28. Pregunte a la clase: ¿Qué petición trajeron Juan y Jacobo a Jesús? |||

Juan y Jacobo intentaron escalar posiciones en la "jerarquía eclesial" usando sus influencias. Vinieron a hacer una petición a Jesús, usando a su madre como portavoz. Imaginemos la escena… los tres de rodillas ante Jesús, la madre habla por ellos y va directo al punto. Los hermanos que siempre hablaban, estaban calladitos, esperando que su plan resultara.

Al escuchar la petición, Jesús no reprende a la mujer -sabiendo que había sido utilizada- sino que les habla a los hijos. Es admirable la paciencia de Jesús con sus discípulos, tolerando sus mezquindades, sus celos, su ambición desmedida. Jacobo y Juan revelaron las intenciones más oscuras de sus corazones. Ellos querían aventajar a los otros discípulos, escalar posiciones, acaparar poder y autoridad sobre los demás. Sus motivos eran egoístas, carnales. Con toda razón el resto de los discípulos se enojaron con ellos y, una vez más, Jesús interviene para guardar la paz entre ellos y les enseña una valiosa lección sobre un nuevo modelo de liderazgo espiritual, el modelo de siervo.

La paz en el mundo y en la iglesia no se alcanzará por un liderazgo que ejerza fuerza, dominio y autoritarismo sobre las personas. Un líder que usa a las personas como súbditos, para alcanzar sus fines, no es digno del reino de Dios. La vida del líder cristiano, debe ser una de servicio, independientemente de su función, toda su vida. Las armas de tal servicio son herramientas que cultivan la paz, son brazos que se extienden para servir con educación, alimentos, salud, vivienda, afecto, consuelo, amistad.

Sin embargo, aunque Jacobo y Juan aprendieron su lección, Pedro -quizás el más terco de los discípulos- fue el último en comprender que los hijos e hijas de Dios no debemos practicar ninguna forma de violencia.

||| Lea Juan 18:9-10. |||

Habiendo cortado la oreja del siervo del Sumo Sacerdote, llamado Malco, quien había venido a arrestar a Jesús, Pedro fue detenido por su Maestro. Jesús restauró la oreja herida de aquel hombre y Pedro al fin comprendió que debemos confiar en Dios, nuestra vida y nuestro destino, entregándonos por completo en sus manos. Años después les recomienda a los cristianos en 1 Pedro 3:10-12: *"En efecto, el que quiera amar la vida y gozar de días felices, que refrene su lengua de hablar el mal y sus labios de proferir engaños; que se aparte del mal y haga el bien; que busque la paz y la siga. Porque los ojos del Señor están sobre los justos, y sus oídos, atentos a sus oraciones; pero el rostro del Señor está contra los que hacen el mal."*

Los discípulos aprendieron que los seguidores de Jesús tienen la vocación de ser constructores de paz. El dicho popular "el fin justifica los medios" no es válido como norma de conducta para los hijos y las hijas del Dios de paz. Dios no solo nos ha dado una misión, un propósito para nuestra vida, también nos ha provisto de las herramientas que hemos de usar: el fruto de su Espíritu.

La paz es una de nuestras herramientas más poderosas. Como iglesia deberíamos ser ese oasis de paz en medio de un mundo en guerra. Somos llamados a ser constructores de paz en nuestra comunidad, sirviendo como mediadores y enseñando a la gente como resolver sus conflictos.

A medida que nos acercamos a la segunda venida de Cristo, nuestro desafío será cada vez mayor, pues habrá menos paz en las familias y en el mundo (Apocalipsis 6:4). La paz no vendrá a nuestro alrededor si nosotros no trabajamos esforzadamente para crearla.

·········○ Guíe a los estudiantes para que completen la actividad 6.

Definición de términos claves

- **Aromaterapia:** Método de curación de algunas enfermedades basado en los efectos que producen los aromas de los aceites esenciales de las plantas en el organismo. Algunos de estos tratamientos se usan para aliviar ansiedad, depresión, nerviosismo, estrés, cansancio físico y mental, y trastornos de sueño. Los aceites se usan en masajes corporales, baños aromáticos, para infusiones y también con difusores de aroma.

- **Contentamiento:** Estado de alegría y satisfacción. Estar contento.

- **Control mental:** Es una técnica cuyo objeto es dirigir la actividad mental, dominando los pensamientos y transformando la manera de pensar. Se presta para la manipulación, el lavado de cerebro y la persuación coercitiva de otras personas.

- **Guerra:** Se refiere a un estado de hostilidad que desata enfrentamientos en batalla entre individuos, familias o pueblos.

- **Paz:** En el Antiguo Testamento se usa la palabra hebrea *shalom*, que significa paz, integridad, bienestar y salud. Es una forma de saludar a los visitantes que era y es común al pueblo de Israel. En el Nuevo Testamento la palabra griega *eirene* describe las relaciones armónicas entre las personas y las naciones, la amistad, la ausencia de agresión y el orden en el estado y las iglesias.

- **Yoga:** Doctrina filosófica que practica técnicas de relajación, respiración, ascetismo y diferentes posturas corporales, con el propósito de alcanzar un estado de perfección espiritual y de paz mental, por medio del control físico y mental. Es propia de la religión Hindú.

Resumen

La paz del Padre, la paz que nos dejó Jesús y la que nos llena el Espíritu Santo, es una paz perfecta, completa y plena que invade todo nuestro ser. La paz de Dios se derrama en nuestro espíritu cuando el Espíritu Santo llena nuestra vida. A partir de allí, el Espíritu actúa en nuestra mente, llenándonos de pensamientos pacíficos, que a su vez generan sentimientos y acciones pacíficas.

Cada cristiano y cristiana es llamado a ser santo y hacedor de paz en su entorno, empezando por su familia y la iglesia misma.

Hoja de Actividades

ACTIVIDAD 1
Señale cuáles son las áreas de su vida en las que está enfrentando conflictos o situaciones que le roban la paz.

Áreas en que tengo problemas actualmente:

_ Aceptación de mí mismo (mi cuerpo, mi carácter, otro)

_ Relaciones con uno/varios en la familia

_ Relaciones en el trabajo/lugar de estudio

_ Situación con una amigo/a, novio/a

_ Situación financiera

_ Delicuencia en mi país/comunidad

_Vecinos violentos o que causan problemas

Origen del conflicto que tengo actualmente:

_ Diferencia de ideas, intereses u opiniones

_ Diferencia de valores

_ Imposibilidad de lograr mis planes y metas

_ Choque de carácter

_ Intolerancia, me cae mal la persona

_ Diferencias o conflictos en el pasado

ACTIVIDAD 2
En grupos de 3 estudiantes hagan una búsqueda bíblica en los siguientes pasajes y respondan a las preguntas.

a. ¿Dónde tiene que arraigar la paz de Dios primero, antes de que podamos llevarla a otros? Lucas 1:79.

_____

_____

b. ¿Cuál fue el saludo del Cristo resucitado a los discípulos que se escondían por temor a quienes les perseguían? Lucas 24:36, Juan 20:19, 26.

_____

_____

c. Cristo vino a derribar las barreras entre las naciones. Comenzó uniendo a Israel con la Iglesia. Mencionen algunos de los muros que dividen hoy a los pueblos. Efesios 2:14.

_____

_____

d. ¿En su opinión y según Colosenses 1:20, es correcto decir que el tratado de paz entre el cielo y la humanidad se firmó con la sangre de Jesús? ¿Se podía haber logrado la paz de otra manera?

_____

_____

ACTIVIDAD 3

ACTIVIDAD 4
Señale en la lista siguiente los falsos caminos por los cuáles la gente en su contexto busca la paz espiritual, mental y emocional.

___ Ejercicio físico

___ Yoga

___ Meditación

___ Medicinas relajantes o calmantes

___ Escuchar música

___ Ir de vacaciones

___ Control mental

___ Aromaterapia

___ Amuletos y objetos que "irradian" energía positiva

___ Limpieza por brujos

___ Dieta para desintoxicar el organismo

___ Hacer lo que la gente quiere/mantenerlos contentos

___ Evitar el conflicto/ No decir lo que pienso/ Mentir

ACTIVIDAD 5

Abajo encontrará cuatro columnas con una lista de evidencias de falta de paz. Señale las que están presentes en su vida actualmente. Luego responda ¿Cuál es el área de mi vida que necesita ser llena de la paz plena de Dios?

Espiritual	Mental	Emocional	Física
Pecado	Duda de Dios	Tristeza	Violencia verbal
Desobediencia	Preocupación	Cobardía	Adicciones
Miedo a la muerte	Negatividad	Ansiedad	Anorexia/bulimia
Culpa	Temor	Nerviosismo	Adulterio
	Desconfianza	Enojo	Libertinaje sexual
	División	Fanatismo	Depresión
	Prejuicios intolerancia	Impaciencia	Insomnio
	Avaricia	Baja autoestima	Agotamiento
	Malos pensamientos	Ideas suicidas	

ACTIVIDAD 6

Escriba la oración de San Francisco de Asís en sus propias palabras, haciendo una adaptación a su vida hoy. Luego, ore al Señor, con las palabras que ha escogido.

Oh, Señor, hazme un instrumento de tu paz .
Donde hay odio, que lleve yo el amor.
Donde haya ofensa, que lleve yo el perdón.
Donde haya discordia, que lleve yo unidad.
Donde haya duda, que lleve yo la fe.
Donde haya error, que lleve yo la verdad.
Donde haya desesperación, que lleve yo
la alegría.
Donde haya tinieblas, que lleve yo la luz.
Oh, Maestro, haced que yo no busque
tanto ser consolado, sino consolar;
ser comprendido, sino comprender;
ser amado, como amar.
Porque es:
Dando, que se recibe;
Perdonando, que se es perdonado;
Muriendo, que se resucita a la
Vida Eterna.

_____
_____
_____
_____
_____
_____
_____
_____
_____
_____
_____

Amor que produce paciencia más allá del límite
LECCIÓN 6

Objetivos de la lección

Que el alumno...

- **Reconozca** la necesidad de cultivar el fruto de la paciencia en su vida.
- **Identifique** aquellas situaciones en que pierde con facilidad la paciencia.
- **Conozca** algunos modelos de paciencia en la Biblia.
- **Identifique** algunas disciplinas para desarrollar la paciencia en su vida.

Recursos

Escoja una de las siguientes opciones para despertar interés en el tema al inicio de la clase:

- Un juego de mesa que requiera usar la paciencia, por ejemplo: jenga, cubo mágico, rompecabezas (Puzzle), mikado (palitos chinos) u otros.
- Una caja de clips de los que se usan en la oficina para enlazarlos en una tira larga.
- Unas madejas de lana que estén enredadas para desenredar.
- Fichas de dominó para colocarlas en fila vertical, una al lado de la otra.
- Pedacitos de tela para bordar a mano.

Introducción

Inicie la clase con la actividad que ha preparado. Deles un tiempo suficiente para que todos puedan participar. Al finalizar, fomente la discusión de los alumnos con preguntas como estas: ¿Sin paciencia podríamos realizar esta actividad? ¿Por qué estos juegos son importantes para los niños? ¿Qué fue lo más frustrante al participar de esta actividad?

La paciencia es el fruto que sigue en el orden del apóstol Pablo en Gálatas 5:22-23, después de amor, gozo y paz. En el pasaje de 1 Corintios 13:4 el apóstol afirma "el amor es paciente" y más adelante en el versículo 7 dice también que "el amor todo lo espera". La paciencia es un arte que todos los cristianos y las cristianas necesitamos cultivar.

○ Pida a los estudiantes que completen la actividad 1. Luego pregunte a la clase ¿Cuáles son las circunstancias de la vida diaria que nos hacen perder la paciencia? ¿Piensan que la gente en nuestro contexto considera que la paciencia es una virtud o una debilidad?

La palabra griega para paciencia en el Nuevo Testamento es el sustantivo *makrothumia*. En el mundo de la cultura greco-romana, donde surgió la iglesia, la paciencia no era considerada una virtud. De manera que podemos afirmar que la paciencia vino a ser considerada una virtud a partir del mensaje del evangelio y la práctica de la vida de santidad.

Tanto el sustantivo *makrothumia* como su forma verbal *makrothumein,* describen una virtud y una actitud. Esta virtud se aprende de los buenos ejemplos que encontramos en la Biblia, en la historia de la Iglesia Cristiana y de los hermanos y hermanas en nuestras iglesias. Pero, como estudiaremos a continuación, nuestro principal modelo de paciencia es Dios mismo.

Estudio Bíblico

1. LA PACIENCIA DE DIOS

La paciencia es una de las grandes características del amor de Dios. En diferentes ocasiones de la historia, los seres humanos hemos llevado la paciencia del Creador al límite. Al regresar de la cautividad en Babilonia y Persia, los Levitas entonan un salmo agradeciendo a Dios por su paciencia, el cual se registra en el libro de Nehemías.

Pida a un estudiante que lea Nehemías 9:29-31. Luego pregunte a la clase: ¿Qué habían hecho los israelitas para sobrepasar la paciencia de Dios?

Durante muchos años, el pueblo de Israel abusó de la paciencia de Dios. Ellos sabían que eran culpables, aunque recibieron las advertencias de los profetas acerca del peligro al que se estaban exponiendo, provocando la ira del Señor, persistieron en sus vidas de pecado. Muchos israelitas pensaban que las palabras de los profetas nunca se cumplirían. Se habían acostumbrado a pecar cada día, vivían confiados en que sus "pequeñas desobediencias" pasaban inadvertidas para Dios y -a decir verdad- muchos de ellos murieron sin ver el juicio de Dios concretarse. Sin embargo, a su tiempo el juicio de Dios llegó sobre la nación y fueron sus hijos y sus nietos los que sufrieron el destierro.

Luego, ocurre algo que para nosotros es difícil de comprender. Lejos de abandonar a su pueblo, la paciencia amorosa de Dios vuelve a manifestarse. Ahora ellos estaban dispuestos a aprender a vivir en santidad y Dios les enseña una vez más a vivir en obediencia. Este pueblo rebelde, al que Dios mostró tanta paciencia, fue un instrumento clave en la misión restauradora de Dios para la humanidad. La paciencia de Dios con Israel dio su fruto y es, a través de Jesucristo, que ahora todos los pueblos de la tierra pueden conocer a ese Dios de amor y compasión.

⫼ Pida a una estudiante que lea 2 Pedro 3:8-9. ⫼

····················○ **Luego pida a la clase que complete la actividad 2.**

En la vida de Jesús, podemos ver cómo el fruto de la paciencia estaba presente. Jesucristo aprendió a ser paciente de su Padre. Él fue paciente con las personas que venían a él por ayuda, muchos de los cuales no mostraban tener consideración alguna de su fragilidad humana y de su necesidad de descansar o alimentarse. Él mostró paciencia con los discípulos, quienes tenían actitudes inmaduras y egoístas. Fue paciente con su madre y sus hermanos, que muchas veces no comprendían las exigencias de su llamado y su misión (Mateo 3:31-34). Demostró paciencia aun, con quienes le torturaron, soportando el sufrimiento.

2. EJEMPLOS DE PACIENCIA

Uno de los mayores ejemplos de paciencia lo encontramos en la vida de Noé. Antes del diluvio las personas vivían muchos años, llegando en algunos casos a más de 900 ¿Es difícil imaginar un pastel de cumpleaños con 900 velitas, verdad?

····················○ **Pida a los estudiantes que completen la actividad 3.**

Noé aprendió a ser paciente porque confió en que Dios cumpliría sus promesas ¿Cuántos de nosotros hubiéramos tenido la perseverancia para esperar por cien años? A nosotros nos llevaría toda la vida, pero aun nos parece demasiado cuando tenemos que esperar por un año, cinco años o diez años.

Noé no se sentó a esperar, sino que trabajó esforzadamente con la vista puesta en la meta que Dios le había dado. Esta es una de las características de la paciencia que aprendemos de Noé, la paciencia que es fruto del Espíritu. Esta paciencia es una que confía y espera, pero al mismo tiempo trabaja, actúa. Dios formó con Noé y su familia un equipo de trabajo. Cada uno debía cumplir con su parte del plan para que la raza humana y los animales tuvieran la oportunidad de sobrevivir.

Finalmente, Noé y su familia vieron la promesa de Dios cumplirse. Sin embargo, es importante señalar que hay promesas que probablemente nosotros no veamos cumplidas durante nuestro tiempo aquí en la tierra.

En 2 Pedro 3:8-9, el apóstol Pedro enseña que no debemos juzgar el tiempo de Dios según nuestra perspectiva. Hoy vivimos la vida de manera acelerada, somos la gente de la comida rápida, de los viajes en avión y de las comunicaciones instantáneas. Tenemos poca resistencia a la espera y poca tolerancia con la tardanza. Por nuestro ritmo apresurado podemos llegar a pensar que Dios es lento, pero no es así. Su forma de medir el tiempo es diferente a la nuestra y su paciencia es infinitamente mayor que la nuestra.

El hecho de que Dios espere pacientemente para cumplir su promesa de la segunda venida de Cristo, no es una muestra de debilidad o de indecisión para obrar. Esta demora, más bien, es evidencia de su amor y misericordia para con todas las familias de la tierra, a fin de darles la oportunidad de ser salvas (Mateo 13:24-29) ¡Tenemos un Dios dispuesto a hacer ajustes en su agenda por amor a los perdidos! Mientras esperamos este suceso que dará inicio a una nueva etapa en la historia de la salvación, al igual que Noé, debemos permanecer ocupados en la misión que Dios nos ha encomendado.

Otro ejemplo bíblico de paciencia es Abraham. Dios lo llamó a salir de su tierra cuando tenía 75 años y caminó con Dios hasta los 175 años. En Génesis 15:1-7, Dios hace un pacto con Abraham…

▌▌▌ Pida a un estudiante que lea Génesis 15:1-7. ▌▌▌

Dios promete a Abraham la tierra de Canaán y también que será Padre de una gran nación, pero el problema era que Abraham y su esposa eran de edad avanzada y no tenían hijos. Una promesa así era difícil de aceptar. En aquellos tiempos no habían clínicas de fertilidad, ni maneras de saber si era posible que en algún momento Sara quedara embarazada. Cuando Abraham y Sara medían las probabilidades con la ciencia que disponían en aquel tiempo, todas las conclusiones lógicas les llevaban a afirmar que esta era una promesa imposible de cumplir.

Imaginemos que nuestro hogar está en un desierto, donde nunca en nuestra vida vimos caer una gota de agua de lluvia y Dios nos dijera que este, lugar seco y estéril, se va a convertir en un valle verde, lleno de frutos, en el que nunca más habrá escasez de agua ¿Sería fácil para nosotros creer que esto realmente pudiese suceder?

Sin embargo, en el libro de Hebreos 6:15 dice: *"Y así, después de esperar con paciencia, Abraham recibió lo que se le había prometido."* Contra toda lógica humana y toda probabilidad científica Abraham esperó y esperó. Años despues, cuando Abraham tenía 100 años y Sara unos 90, nace Isaac. La historia de Abraham nos enseña que necesitamos ser pacientes para ver las bendiciones divinas. El tiempo de espera vale la pena.

El último ejemplo que hemos seleccionado para esta lección es Job. El libro de Job es una obra maestra de la literatura universal y es probablemente el libro mas antiguo de toda la Biblia. Para la mayoría de las personas, es difícil ponerse en los zapatos de Job y comprender la profundidad de las tragedias que vinieron de un día para otro a su vida.

En términos modernos, podríamos decir que Job era un hombre exitoso, alguien que había realizado todos sus sueños. Gracias a su trabajo y diligencia tenía una empresa fructífera, un buen pasar económico, una hermosa esposa, hijos, propiedades, buena salud y, sobre todo, se sentía satisfecho porque había cultivado una bella relación con Dios. Job no debía nada a nadie, ni siquiera a su Dios.

▌▌▌ Pida a un estudiante que lea Job 1:1-3. ▌▌▌

Job era un hombre de corazón puro y limpio delante de Dios. Su plan era envejecer feliz disfrutando de su familia, sus nietos y del fruto de su trabajo. Pero de pronto su vida cambió por completo.

Imaginemos por un momento cómo se sentía Job. Los psicólogos o psiquiatras dirían con acierto que estaba pasando por un trauma, hundido en depresión ¿Qué haríamos nosotros en esa situación? ¿Nos quejaríamos? ¿Le echaríamos la culpa a Dios o a otros? ¿Nos culparíamos a nosotros mismos?

Posiblemente, esperaríamos como hizo él, que una mano amiga se acercara para consolarnos, para darnos un poco de esperanza. Los cuatro amigos de Job llegaron, pero en lugar de animarlo, sus palabras lo sumieron más en la desesperación. Parafraseando a sus amigos ellos le dijeron algo como esto: "Piensa bien Job, porque debiste hacer algo muy malo para que Dios te castigue de esta manera". Ellos llevaron a Job hasta el límite de su resistencia, quien al fin les pidió que no hablen más: *"Porque ustedes son unos incriminadores; ¡como médicos no valen nada! ¡Si tan solo se callaran la boca! Eso, en ustedes, ¡ya sería sabiduría!* (Job 13:4-5).

Pese al gran dolor de sus pérdidas, Job sabía que no era Dios quien le estaba castigando. Él tuvo la suficiente cordura para rechazar los consejos malsanos de sus cuatro amigos, quienes en lugar de curar sus heridas, restregaron sal en ellas, con sus palabras de crítica y acusación. Cuando un cristiano fiel pasa por tiempos de pruebas, lo que necesita es el amor y el consuelo de sus líderes y hermanos en la fe. Job esperó con paciencia que la tormenta pasara y Dios le recompensó restaurando su vida. Él se puso de pie, recuperó su empresa, formó una nueva familia y vivió 40 años más disfrutando de una dichosa vejez (Job 42:12).

En todo este proceso de recuperación, Job nunca dudó de que Dios estaba con él. Pese al consejo de quienes lo rodeaban, nunca desconfió del amor de Dios para con él y nunca dejó de adorarle y servirle. Job esperó en Dios, se mantuvo fiel en los tiempos duros y al fin fue recompensado.

3. PACIENCIA EN LA VIDA DIARIA

La palabra griega *makrothumia*, que Pablo menciona en Gálatas 5:22 como otra carácterística del fruto del Espíritu, se refiere a la capacidad de tolerar por largo tiempo circunstancias difíciles que vienen a la vida, como ser: problemas, enfermedades, ofensas, heridas o provocaciones de otras personas.

La paciencia es especialmente observable en la conducta del cristiano en la forma en que maneja sus relaciones interpersonales. La paciencia actúa con la constancia y la perseverancia: son un trío inseparable.

Ⅲ Dibuje el siguiente gráfico en la pizarra. Ⅲ

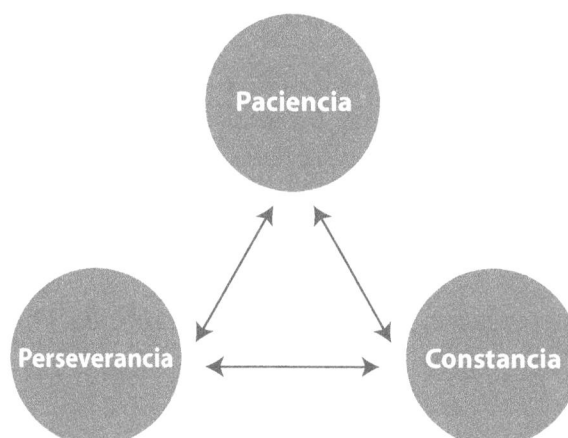

Es imposible vivir con fidelidad la vida cristiana sin paciencia. Algunos se confunden al pensar que la paciencia es sinónimo de sentarse a esperar, o de no intervenir cuando un acto de injusticia ocurre delante de nuestros ojos o de no reaccionar cuando alguien nos agrede. Pero como vimos en el ejemplo de Noé, la paciencia del cristiano debe ser activa, dinámica.

En primer lugar, debemos tener paciencia con nosotros mismos y brindarnos el espacio que necesitamos para desarrollarnos saludablemente en todas las áreas de la vida. En los tiempos que vivimos, los cristianos estamos sometidos a muchas presiones. El ritmo de vida acelerado que muchos llevamos nos hace presionarnos a nosotros mismos hasta el límite.

Es importante que examinemos nuestras metas y los plazos que nos imponemos para alcanzarlas. Las metas deben ser realistas y acordes a nuestras posibilidades individuales. En el libro de Eclesiastés 3:1 dice: *"Todo tiene su momento oportuno, hay un tiempo para todo lo que se hace bajo el cielo"*. Los seres humanos no somos máquinas de producir. Somos seres creados con un propósito supremo que es tener comunión con Dios, conocer profundamente a nuestro Creador y aprender de Él. Pero la mayoría de los cristianos hoy no tienen tiempo para orar, para estudiar la Palabra, aun para cultivar la relación con su familia y con los hermanos de la iglesia. Las actividades que deberían ser las más importantes de nuestra vida, han pasado a ser las que más descuidamos. Nos dejamos llevar por las prioridades del mundo, por las metas del mundo, por el afán de éxito del mundo, y así, sin darnos cuenta nos estamos haciendo daño y nos estamos perdiendo lo mejor de la vida. Necesitamos pedir a Dios que nos enseñe a ver nuestra vida con sus ojos y que nos de sabiduría para diseñar un proyecto de vida, que en todo, sea agradable a Él.

En segundo lugar, la paciencia debe ayudarme a servir mejor a los demás. Los líderes cristianos que presionan demasiado a la gente de sus equipos, por lo general son los que se exigen demasiado a sí mismos. El aprender a respetar nuestros límites nos ayudará a tener paciencia y respetar los límites de los demás. La impaciencia con nosotros mismos nos impulsa a ser menos tolerantes con los demás. También nos llevará a la frustración y al agotamiento. Son muchos los líderes cristianos que fracasan en sus ministerios por presionarse a sí mismos y a sus equipos más allá del límite.

En el Nuevo Testamento, la paciencia es una característica imprescindible para ejercer el liderazgo espiritual y dirigir una congregación local (2 Corintios 6:6; 1 Timoteo 1:16; 2 Timoteo 3:10). También, es una cualidad que deben tener todos los que predican la Palabra (Tito 2:2) ya que la enseñanza debe ser entregada con amor y no con enojo.

La paciencia entonces es indispensable para el ejercicio del ministerio al que fuímos llamados y para el compañerismo entre los cristianos. La mejor manera de desarrollar este fruto en nuestra vida es trabajar con otros. Algo tan simple como cantar juntos o leer la Biblia al unísono requiere de paciencia. Cuando somos pacientes con nuestros hermanos les demostramos cuanto les amamos.

⊙ Pida a los estudiantes completar la actividad 6.

En tercer lugar, la paciencia que es fruto del Espíritu debe estar presente en todas las circunstancias de nuestra vida. Todas las personas actúan con paciencia en algunas situaciones. Las madres son pacientes con sus hijos, los maestros son pacientes para enseñar, etc. Pero la paciencia cristiana debe ser visible en toda situación que enfrentamos y en el trato con todas las personas. Hay cristianos que son pacientes con las personas de la iglesia, pero muy intolerantes con su propia familia. Otros tienen paciencia consigo mismos o con sus amigos, pero son impacientes con otros.

Las situaciones de conflicto con otras personas, sobretodo aquellas en las que somos atacados o agraviados, son las que desafían nuestra paciencia. Cuando alguien nos da un golpe, nuestra reacción natural es devolver la agresión. Nuestro yo nos pide a gritos: ¡Venganza! Es posible que el devolver el golpe sea aplaudido por la gente en nuestro contexto, pero el amor de Dios habitando en nuestros corazones no nos permite responder de esa manera. La paciencia de Dios es nuestro modelo, aun cuando tengamos la oportunidad de vengarnos, nuestro deber es decidir no hacerlo.

○ **Guíe a los estudiantes a completar la actividad 7.**

No podemos elegir cuando y con quien ser pacientes y con quien no. Nuestro reto entonces es ser pacientes en toda situación. Somos responsables de ser pacientes con nuestros prójimos así como Dios lo ha sido con nosotros.

Definición de términos claves

- **Actitud:** Disposición de ánimo que se demuestra en la forma de pensar, de reaccionar ante las situaciones y de actuar. También puede observarse en el tono de voz, la postura corporal, en los gestos y otras formas de expresión no verbal.

- **Constancia:** Perseverar o persisitir en un objetivo.

- **Esperanza:** Para el cristiano, esperanza significa confiar y esperar lo que Dios ha prometido. La esperanza del cristiano es diferente a la del mundo, ya que no se enfoca en algo temporal, sino en el Dios eterno, inmortal y todopoderoso. La fe y la esperanza caminan juntas, crecen y se fortalecen durante la vida del discípulo y la discípula del Señor (Hebreos 11:1).

- **Perseverancia:** En el Nuevo Testamento, perseverancia describe la persistencia del cristiano en su caminar con Cristo hasta el fin de su vida (Hebreos 12:1). Mantener la relación con Dios cada día es responsabilidad del creyente, ya que si descuida su relación con Dios puede recaer en la vida de pecado y perder su salvación (1 Corintios 9:27).

- **Tolerancia:** Respeto a las ideas, creencias o prácticas de los demás cuando son diferentes o contrarias a las propias. Paciencia y comprensión hacia los aprendices, los débiles, los indisciplinados, etc.

- **Virtud:** Disposición para pensar y actuar de acuerdo a ciertos ideales como el amor, la justicia, la bondad, etc.

Resumen

La paciencia es una de las virtudes del amor divino que Dios nos da con el fruto del Espíritu. El amor paciente es un amor que se evidencia en la vida del cristiano en el trato con otras personas, en su relación con Dios y en su comportamiento ante los problemas y las circunstancias adversas de la vida.

La paciencia es un fruto, que al igual que los demás, somos responsables de cultivar. Aprendemos paciencia del ejemplo de otros y de nuestra propia experiencia al confiar en las promesas de Dios y relacionarnos con otras personas. El amor paciente es imprescindible para nuestro servicio a Dios y a otros.

Necesitamos de la paciencia, la fe y la esperanza para no perder la meta de la vida cristiana y llegar fieles al encuentro con nuestro Señor.

Hoja de Actividades

ACTIVIDAD 1
Escriba en la línea Sí o No según sea su respuesta:

___ ¿Ha sido impaciente o intolerante con alguna persona en los últimos días?

___ ¿Cuando está en un fila esperando turno de ser atendido, se siente molesto e incómodo?

___ ¿Si un amigo le cuenta una "larga" historia, mira el reloj o lo interrumpe y se disculpa?

___ ¿Se enoja si no le sirven la comida rápido en un restaurante?

___ ¿Cuándo maneja, toca la bocina si el vehículo que va adelante suyo circula más lento?

___ Cuando los vecinos de su departamento tienen una fiesta, ¿le molesta el ruido y llama con enojo para quejarse?

ACTIVIDAD 2
Lea nuevamente el pasaje de 2 Pedro 3:8-9 y luego responda según su experiencia personal… ¿En qué áreas he sido resistente a obedecer o someterme a la voluntad de Dios en el pasado? ¿Qué tan paciente ha sido Dios conmigo?

_____

_____

_____

ACTIVIDAD 3
En grupos de tres a cuatro integrantes, investiguen en los siguientes pasajes algunos detalles de la vida de Noé y su familia.

Génesis 5:32 ¿Qué edad tenía Noé cuando fue padre? ¿Cómo se llamaban sus hijos?

_____

Génesis 6:5-7 ¿Qué fue lo que hicieron los seres humanos que agotó la paciencia de Dios?

_____

Génesis 5:32 y 7:6 ¿Cuántos años perseveró Noé construyendo el arca?

_____

Génesis 7: 17 - 24 ¿Cuántas semanas esperó Noé que la inundación terminara?

_____

Génesis 9:28-29 ¿Cuántos años vivió Noé?

_____

ACTIVIDAD 4
En grupos de dos estudiantes, hagan una lista de todas las calamidades que vinieron a la vida de Job según Job 1: 6 a 2:10.

_____

_____

_____

_____

_____

_____

_____

_____

_____

_____

ACTIVIDAD 5
Ordene las siguientes columnas, colocando la letra de la primer columna delante del enunciado de la segunda columna, según corresponda. ¿Cuál es el versículo que corresponde a cada afirmación?

	Versículo		Afirmación
A	Hebreos 6:12		En medio del sufrimiento tenemos que alegrarnos en la esperanza y perseverar en oración.
B	Romanos 12:12		La oración nos ayuda a demostrar constantemente nuestra gratitud al Señor.
C	Romanos 8:25		Mientras esperamos el cumplimiento de las promesas de Dios, debemos continuar trabajando y sirviendo con amor a las personas.
D	Colosenses 4:2		Nuestra constancia se demuestra cuando con paciencia esperamos lo que aún no podemos ver.

ACTIVIDAD 6
A continuación, encontrará una lista de cosas que hacemos en la iglesia para relacionarnos y servir a otros. Marque aquellas para las que todavía necesita más paciencia.

___ Los bebés que lloran durante el servicio.

___ Escuchar a una persona que habla de manera confusa o con un tono muy bajito.

___ Responder preguntas de las personas nuevas en la iglesia.

___ Ayudar a los ancianos de la iglesia a llegar a sus asientos o subir al automóvil.

___ Cantar en el coro con personas a las que les cuesta aprender los tonos y melodías.

___ Limpiar el jugo que derramaron los niños.

___ Una predicación que duró más del tiempo.

___ Los hermanos que llegan tarde a la reunión del comité.

___ Los padres que traen a destiempo a sus hijos a la actividad.

___ Las hermanas que se olvidaron de traer lo que se comprometieron.

___ Los holgazanes.

___ Los débiles espirituales o desanimados.

ACTIVIDAD 7
A continuación, se incluye una serie de situaciones en las que la Biblia nos enseña a obrar con paciencia. Subraye en la columna del medio las palabras que describen su reacción actual y luego en la columna de la derecha las prácticas que necesita desarrollar más en su vida.

Situación	Mi reacción actual es	Lo que debo desarrollar
Problemas o situaciones difíciles de resolver	Desesperarme, llenarme de ansiedad, paralizarme, culpar a otros, evadir mi responsabilidad.	Orar pidiendo ayuda del Señor. Buscar ayuda. Trabajar para solucionar el problema. Pensar con esperanza (Romanos 5:3-5).
Diferencias interpersonales	Criticar, discutir, responder con orgullo, evadir el conflicto, renunciar, terminar la relación, vengarme, negarme a saludar o hablar con esa persona.	Orar pidiendo sabiduría y amor del Señor. Buscar consejo. Confrontar con amor. Perdonar. Pedir perdón si he ofendido.
Diferencias culturales	Criticar, menospreciar, apartarme, señalar lo negativo, unirme a un grupo aparte, cambiar de iglesia.	Orar pidiendo amor y comprensión. Tratar de comprender, cultivar relaciones, buscar lo positivo.
Conflicto con gobernates	Criticar, participar en actos de protesta, pintar grafitis, desprestigiar a la persona en las redes sociales.	Orar pidiendo tolerancia y amor para perdonar. Hablar con amor para hacerle ver su error. Convencerle de cambiar una situación. Devolver bien por mal.
Crisis política, económica, social, etc. en el país	No involucrarme, quejarme, promover la violencia, insultar a los responsables, sacar provecho personal de la situación.	Orar pidiendo sabiduría para los gobernantes. Ayudar a los afectados. Ser parte de la solución. Ser un instrumento de paz y entendimiento (Isaías 28:16).

Mis notas

Amor que se muestra en solidaridad

Objetivos de la lección

Que el alumno...

- **Comprenda** que los verdaderos adoradores practican la justicia y el amor al necesitado.
- **Se comprometa** con la construcción de una sociedad más justa y más solidaria.
- **Abandone** el estilo de vida individualista y consumista.
- **Adopte** el amor misericordioso de Dios como estilo de vida.

Recursos

- Tres hojas de papel donde escribirá una misión secreta para tres estudiantes. Estos papeles se doblarán o se pondrán dentro de sobres y se colocarán sobre la mesa, antes de que los alumnos lleguen a la clase. Por fuera escriba en cada uno: "Misión Secreta". En cada una de las hojas escribirá una de estas consignas:

  a. En los primeros 10 minutos de la clase tome algo de algunos compañeros sin pedir permiso y no se los devuelva por más que le rueguen.

  b. En los primeros 5 minutos de la clase moleste a uno o dos compañeros, por ejemplo: jale el pelo, haga cosquillas, de un golpe suave con el pie y no pida disculpas.

  c. En los primeros 10 minutos de la clase critique a varios compañeros, por ejemplo: critique su ropa, su peinado, su cara de sueño, diga que esta enojado con el o ella porque el otro dia no le saludó, etc. No se disculpe en ningún momento por su mala actitud.

- Bolsitas con confites, otras con chocolates y otras con palomitas de maíz. Las bolsitas deben ser suficientes para todos los alumnos. En cada una coloque un número impar por ejemplo 5, 7 o 9 unidades.

Introducción

Escoja a tres alumnos para que tomen los sobres y que guarden el secreto. Indíqueles que nadie debe conocer el contenido de su misión, hasta el momento de la clase en que el maestro lo indique. Continúe con la clase con normalidad, ignore las interrupciones, si alguien se ofende y reacciona de manera fuerte, pida a los alumnos que si tienen algún problema por favor lo resuelvan después de la clase.

La quinta característica del fruto del Espíritu mencionada en la lista de Pablo, en Gálatas 5:22, es amabilidad. Por la semejanza entre la palabra griega *chréstos*, amabilidad y *christos*, Cristo, la gente en el primer siglo llamaba a los cristianos los *chréstos*, es decir "las personas amables".

Pregunte a la clase: Si hiciéramos una encuesta hoy a la gente de la comunidad, preguntando: Del 1 al 10 (siendo 1 el más bajo y 10 el más alto) ¿que tan amable es la gente de la iglesia con sus vecinos? ¿Qué puntaje creen que nos darían?

El diccionario menciona como sinónimos de amabilidad: gentileza, afabilidad, urbanidad, benevolencia y cortesía. Como sinónimos del adjetivo amable encontramos: atento, cariñoso, cordial, complaciente y afectuoso. La amabilidad es tan poco común en la sociedad actual que cualquier acto desinteresado de amor al prójimo brilla como la luz en la oscuridad. Pero, nos hemos ido acostumbrando a los actos de descortesía y a tratar con personas desconsideradas y groseras en todo lugar.

Pida a los estudiantes que completen la actividad 1. Luego pregúnteles ¿Qué tan amables somos como sociedad? ¿Se valora a la gente amable en nuestro contexto? ¿En qué cambiaría nuestra comunidad si comenzaramos a tratarnos con amabilidad los unos a los otros?

Estudio Bíblico

1. AMABILIDAD, CUALIDAD DE LA VIDA SANTA

En la Biblia, la amabilidad y el amor profundo de Dios son inseparables. Esta demostración de amor se describe en el Antiguo Testamento con la palabra hebrea *jesed*, que se traduce como benevolencia, misericordia, generosidad. El amor amable hacia el prójimo es uno de los requisitos de la vida santa que Dios demanda de su pueblo.

Pida a una estudiante que lea Miqueas 6:6-8.

Como otros profetas, Dios llamó a Miqueas para que fuera su vocero en un tiempo de grandes problemas políticos y sociales. Arriesgando su vida, Miqueas levanta su voz para defender a los campesinos, a quienes el gobierno centralizado en Jerusalén, había despojado de sus tierras y sumido en la pobreza. En su tiempo, las prácticas injustas se habían legitimizado y en lugar de defender a las víctimas, los jueces apoyaban a los victimarios.

En los versículos anteriores del capítulo 6, en reiteradas ocasiones Dios les llama "pueblo mío", recordándoles su origen y su historia caminando juntos. Israel había perdido la memoria, sus actos no reflejaban su verdadera identidad como pueblo santo de Dios, habían olvidado su llamado, su misión única entre todos los pueblos de la tierra.

En los versículos 6 y 7, Miqueas describe la soberbia con que los líderes corruptos del pueblo se acercaban a Dios. Haciendo derroche de hipocresía, trataban de negociar con Dios, intentaban sobornarlo con regalos y regatear sus bendiciones. Las mismas prácticas de cohecho, -que es corrupción- que hacían entre ellos, querían aplicarlas en su relación con Dios ¡Aún estaban dispuestos a ofrecer en sacrificio a sus hijos, utilizándoles como moneda de cambio para torcer el brazo de Dios!

En aquella sociedad todo y todos tenían un precio. Las relaciones entre las personas estaban motivadas por el interés. Ningún favor se daba a cambio de nada. Habían olvidado que eran hijos e hijas del Dios que todo lo entrega por amor. Sorprendidos de que Dios se negara a intercambiar favores con ellos, le preguntan con soberbia al profeta cómo debían presentarse delante de Dios para rendirle adoración.

Dios les responde, aunque no era la respuesta que ellos esperaban. En el versículo 8, el Señor dice que hay tres cosas que demanda de su pueblo: *"Pero ya Dios les ha dicho qué es lo mejor que pueden hacer y lo que espera de ustedes. Es muy sencillo: Dios quiere que ustedes sean justos los unos con los otros, que sean bondadosos con los más débiles, y que lo adoren como su único Dios"* (TLA).

Dios dice que, para ser verdaderos adoradores, debemos hacer algunos cambios en nuestra vida. Por el resto de la Biblia sabemos, que para presentarnos delante de Dios, debemos llevar una vida santa. Muchas veces nos confundimos al pensar que Dios mide nuestra santidad solo en la dimensión de nuestra relación con Él. Estamos equivocados si creemos que para ser santos es suficiente asistir a la iglesia, ofrendar, diezmar, orar y leer la Biblia.

▌▌▌ Dibuje el gráfico que sigue en la pizarra. ▌▌▌

El orden en que aparecen las demandas de Dios en este versículo de Miqueas 6:8 es importante. Veamos:

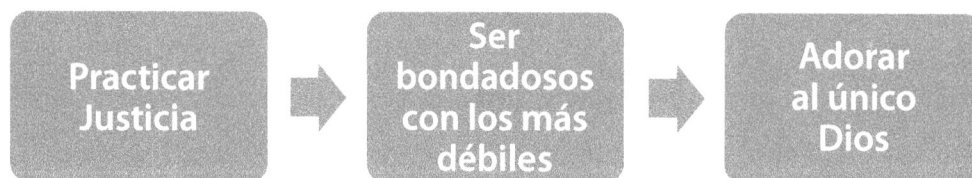

Practicar Justicia → Ser bondadosos con los más débiles → Adorar al único Dios

2. PRACTICAR JUSTICIA

La idea de justicia que tenían los profetas del Antiguo Testamento es diferente a la nuestra. No se trata de una idea o un concepto, de un asunto acerca del que podamos discutir o escribir libros. No se trata de una corte donde vamos a defendernos o reclamar que los culpables reciban el castigo que la ley establece.

Amos 5:24 dice: *"Mejor traten con justicia a los demás y sean justos como yo lo soy. ¡Que abunden sus buenas acciones como abundan las aguas de un río caudaloso!"* (TLA). La justicia de la que hablan los profetas se practica en las relaciones entre las personas. No es suficiente con tener un concepto claro de lo que es justo, sino de practicar la justicia en todo lo que hacemos y en el trato con todas las personas.

En el tiempo de los profetas, Dios levanta su voz para defender especialmente a algunas personas débiles e indefensas a las cuales se oprimía.

▌▌▌ Pida a dos alumnos que lean Isaías 10: 1-2 y 1:17. ▌▌▌

Por medio de Isaías, Dios llama a su pueblo a actuar en defensa de los que no cuentan con ningún poder, aquellos que son como invisibles en nuestras sociedades, los más desprotegidos, aquellos que no cuentan con las condiciones básicas para llevar una vida digna. Aquellos que han perdido la esperanza y que, a menos que el pueblo de Dios les extienda una mano para ayudarles a salir de su situación, no podrán acceder a un futuro mejor. Los invisibles de la época de los profetas siguen siendo los mismos hoy: los indigentes, los niños de la calle, los que viven en pobreza extrema, los que han sido despojados de sus bienes por acciones usurpadoras de los poderosos, aquellos explotados en sus trabajos, las jefas de hogar y sus hijos, los huérfanos, los extranjeros y los ancianos.

Las iglesias cristianas suelen tener algún tipo de ministerio de compasión o canastas de amor, donaciones de ropa o de medicinas. También, se realizan proyectos de construcción y reparación de viviendas, bolsas de empleo, clínicas médicas y otros, que aportan a resolver la necesidad de una familia o comunidad ¡Gracias a Dios por las iglesias que son sal y luz mediante su práctica de amabilidad en sus comunidades!

Sin embargo, Dios espera más de nosotros: su plan es usarnos como instrumentos para ¡derramar su justicia como un torrente de agua viva! Imaginemos un río que crece por las lluvias, que se desborda y barre con todo a su paso. Pues bien, Dios nos ha entregado la misión de erradicar la injusticia y los sistemas corruptos que impregnan nuestras comunidades, nuestras provincias y nuestros países. Hoy es el tiempo de levantarnos, nos dice el Señor, consagrando nuestras profesiones y también animando a nuestros jóvenes a formarse en carreras que les permitan hacer un cambio en nuestras sociedades. Es hora de que la justicia del reino de Dios avance en la tierra, para ello necesitamos salir de nuestra zona de confort y usar nuestros recursos para llevar esperanza a nuestros pueblos.

◈ ┈┈┈┈┈┈┈┈┈┈┈┈┈┈┈┈┈┈┈┈┈┈┈○ **Pida a la clase que complete la actividad 2.**

3. SER BONDADOSOS CON LOS DEMÁS

La palabra hebrea *jesed*, se traduce en algunas versiones de la Biblia como benignidad, bondad, amor constante, misericordia, fidelidad y devoción. Estamos ante una de las palabras más importantes del vocabulario ético y teológico del Antiguo Testamento. El Nuevo Testamento utiliza el término griego *chestotes*, que significa gentil, cariñoso, de buenos modales, respetuoso de los demás. Ambos términos describen un afecto entrañable, no un acto superficial, sino un cariño que brota de las entrañas. Esta es la clase de amor que Dios tiene para con su pueblo. Es un amor fuerte, constante y lleno de gracia: El mismo que hemos sido enviados a revelar al mundo.

▌▌▌ Reparta las bolsitas entre todos los alumnos. Explíqueles que pueden comer del contenido pero solo cuando hayan regalado primero la mayor parte a un compañero o compañera. Observe como se relacionan mientras realizan la actividad. Vea si los alumnos que tuvieron la tarea de molestar a los demás no recibieron regalos o si se los dieron pero por obligación. Motive la conversación con preguntas como estas: ¿Cuál fué la primera persona en la que usted pensó para regalar sus confites? ¿Con qué personas es más difícil compartir? ¿Cómo se sintió al tener que dar la mayor parte? ¿Cómo se sintió al recibir la mayor parte? Los que fueron descorteses... ¿Sintieron que merecían el regalo? ¿Hubo quiénes intercambiaron regalos? ¿Sintieron que tenían la obligación de devolver el favor? ¿Algunos dieron a otro y no recibieron nada? ¿Cómo se sintieron? Al finalizar la discusión revele las tareas secretas que contenían los sobres. ▌▌▌

Como vemos, no estamos acostumbrados a practicar este amor desinteresado. Veamos a continuación algunas de las características de este amor bondadoso que Dios espera que practiquemos.

Es amor sincero

Hacer algo por el simple hecho de cumplir, quedar bien o para halagar a alguien, no es genuina amabilidad. Todo acto de adulación, ya sea a Dios o a una persona es una farsa, una mentira. Quizás podamos engañar a una persona (especialmente a quien busca aduladores), pero no podemos engañar a Dios, quien conoce las intenciones del corazón.

▌▌▌ Pida a una estudiante que lea Job 32:22 y pregunte a la clase: ¿Qué piensa Dios de los aduladores? ▌▌▌

Dios no soporta la hipocresía. La adulación es una simulación, un acto fingido, un engaño que oculta las verdaderas intenciones. Lo mismo ocurre con la zalamería, que es una demostración de cariño exagerada y hasta empalagosa, que por lo general busca ablandar la voluntad de la otra persona para conseguir algo que desea.

Debemos tener cuidado cuando se nos acercan personas con una falsa amabilidad, para no caer en las trampas de la adulación y la zalamería, que despiertan nuestra vanidad. Los ladrones y estafadores usan estas tácticas engañosas para ganar la confianza de las personas.

La genuina amabilidad tampoco se limita o conforma a cumplir con los requerimientos mínimos de los mandamientos de Dios. La benignidad se enfoca en construir relaciones sólidas y duraderas. No busca simplemente cumplir con un requisito legal, como en el caso del matrimonio, sino que tiene como objetivo construir relaciones sanas y fuertes.

Es amor constante y fiel

El amor constante y fiel no es común de ver en la sociedad contemporánea, en la que se practica mayormente un amor sin compromiso. Los seres humanos solemos relacionarnos con Dios como hemos aprendido a relacionarnos con las demás personas ¿Cómo es nuestro amor a Dios? ¿Es un amor que se compromete? ¿Es constante y fiel? ¿Lo practicamos en todo momento y en toda situación? ¿Se puede apreciar en nuestro compromiso con la misión de Dios? ¿Qué tan fieles y constantes somos en cuanto a vivir de acuerdo a los principios y valores del reino de Dios?

¿Y cómo es el amor que practicamos en la familia de la fe? Uno de los problemas que vemos en la iglesia actual, es que se construyen relaciones poco profundas entre los hermanos. Hoy se ha vuelto común que las personas cambien de iglesia y olviden a sus antiguos hermanos. Esta clase de amor superficial, que parece enfriarse con el tiempo, que no profundiza la amistad, que no cultiva relaciones, no es el amor benigno que se practicaba en la iglesia primitiva.

||| Pida a un alumno que lea 1 Tesalonicenses 2:8 y pregunte a la clase: ¿Cómo describe Pablo el amor que tenía por la iglesia de Tesalónica? |||

Es un amor entrañable el que describe Pablo por sus ovejas, un amor en el que invierte su propia vida. Un amor que construye relaciones que peduran a través del tiempo. A medida que crecemos como discípulos de Cristo, debemos aprender esta nueva y "revolucionaria" forma de amar.

El amor benigno inspira confianza

La fidelidad del Padre en mostrarnos su amor llevó al salmista a exclamar: *"que tu misericordia y tu verdad me guarden siempre"* (Salmo 40:11b, RVA 2015).

||| Pida a un estudiante que lea Hebreos 4:16. |||

Porque Dios ha sido benigno con su pueblo y con nosotros en el pasado, nos sentimos confiados para buscarle cuando estamos en necesidad. De la misma manera, los cristianos debemos cultivar la confianza de las personas en nosotros, para que ante una necesidad no duden en acudir a nosotros por ayuda.

Esta confianza debe ser mutua. Quizás nos encontremos con personas en las que nadie confía, debido a su pasado o a su condición actual, aun personas que no confían en sí mismas, en su potencial, en que pueden cambiar su vida con Jesús. Es por eso que el cultivo de la confianza es tan importante. Los actos de amor benigno son usados poderosamente por el Espíritu Santo, quien conmueve los corazones, quien despierta las mentes dormidas, quien abre los ojos de los ciegos espirituales y pone a caminar a los paralíticos emocionales ¡Y Dios nos hace parte de estos milagros!

Benignidad para con los necesitados

El amor benigno no debe limitarse a nuestra familia de sangre o a los miembros de la iglesia. Dios sabe que con facilidad nos olvidarnos de quienes están fuera del círculo de nuestras relaciones, aquellos que también son nuestros prójimos. Es por eso que el Señor incluye una larga lista de personas necesitadas en el mensaje de los profetas y en los mandamientos de la ley. Pero, aunque esta lista es inmensa, no debe ser un limitante para nuestro actuar, pues el amor misericordioso de Dios se extiende hasta abarcar a toda criatura.

Podríamos decir que nuestra regla de vida debería ser, hacer el bien siempre que podamos y a todos los que podamos. En nuestras sociedades actuales no faltan oportunidades de ser solidario, porque por donde miremos hay gente con necesidad. Hay necesidad de trabajo, salud, amor, educación, vivienda, amistad y muchas más. Las personas necesitadas se encuentran en todos los estratos de la sociedad, aun en las familias que tienen un nivel económico medio o alto.

También es cierto, que no podemos satisfacer todas las carencias de las personas que nos rodean, pero si estamos dispuestos, siempre podremos hacer algo para ayudar a una persona o a una familia.

III Pregunte a la clase: ¿Qué tipo de necesidades emocionales o espirituales tiene la gente de nuestra comunidad? ¿Qué podríamos hacer, como miembros solidarios de la comunidad, para satisfacer alguna de ellas? III

Amabilidad describe un corazón generoso, que hace más de lo que se espera, más de lo que la persona promedio estaría dispuesta a hacer por otro. Es este amor profundo de Dios, el que le movió a entregar a su Hijo, para librarnos de la desesperanza y la esclavitud del pecado. Dios es nuestro modelo de amor solidario.

Quizás nos consideramos personas solidarias, porque realizamos un acto de desprendimiento de vez en cuando, por ejemplo, cuando nos convocan de los ministerios de la iglesia o cuando hay una catástrofe nacional o una tragedia en la comunidad. Pero estas acciones, aunque buenas, no son suficientes. La obra de restauración que Dios desea hacer en la vida de las personas es integral, abarca la totalidad del ser. No se enfoca solo en satisfacer una necesidad temporal ¡Dios quiere darles un nuevo futuro, lleno de vida, de esperanza! Una obra así requiere de un compromiso profundo de sus hijos e hijas.

El discipulado de Jesús transformó las vidas de sus discípulos porque era diferente al de los maestros de su tiempo. El amor benigno de Dios habitando en nuestros corazones debe movernos a invertir nuestra vida en otros, construyendo relaciones dudareras de hermandad y amistad.

⬡ ·······························o **Pida a los estudiantes que completen la actividad 3.**

4. Adorar al único Dios

Ser un genuino adorador no tiene que ver con que otros me conozcan como "cristiano", ser miembro de la iglesia "x" o pertenecer a la familia cristiana "z". Tampoco se trata de mi posición, función dentro de la estructura eclesiástica, de mi servicio en un ministerio o de estar estudiando en un seminario o escuela ministerial. En el orden de Miqueas 3:8, vemos que la práctica de la justicia y la amabilidad en nuestras relaciones interpersonales, es lo único que nos hace aceptos ante la presencia de Dios. Estas dos prácticas son la credencial del verdadero cristiano.

La institucionalización de la iglesia y la construcción de templos, en cierta medida, nos han apartado del mundo y nos han alejado de nuestro real campo de batalla. Como resultado, lo que estamos haciendo en nuestros ministerios produce poco cambio en la sociedad que nos rodea. Cada día crece la violencia, corrupción, desnutrición, desigualdad social, enfermedades de transmisión sexual, embarazos de adolescentes, suicidios, ancianos abandonados. Tal parece que el "dios" de este mundo es más poderoso que el Dios que adoramos los cristianos.

III Pregunte a la clase: ¿Podemos como iglesia hacer algo diferente, a lo que hemos hecho hasta ahora, para erradicar los males que esclavizan a las personas de nuestra comunidad? III

Es por eso que Jesús nos envió a "ir" en la Gran Comisión (Mateo 28:16-20), no solo como portavoces del mensaje del evangelio, sino como formadores de una nueva sociedad, bajo los valores del reino de Dios, por medio de un discipulado transformador que enseñe a las personas a vivir conforme al modelo de Jesús.

Conociendo nuestra tendencia a guardarnos las bendiciones y a olvidarnos de la necesidad de los demás, Dios insiste en involucrarnos en su obra de redención. Es decir, los que pertenecemos a Dios, tenemos que ser jugadores de su equipo, tenemos que abrazar sus mismas metas, debemos comprometemos con su misión con todo lo que somos y con todo los que poseemos.

El estilo de vida del verdadero adorador, no es compatible con una manera individualista y materialista de vivir la vida. Estas son cadenas que mantienen en esclavitud a los cristianos, son ardides de Satanás para entretener al pueblo de Dios y apartarlo de su verdadera misión en este mundo. Cuando nos endeudamos con tarjetas de crédito y adquirimos préstamos para comprar artículos o bienes que en realidad no son imprescindibles, nos hacemos esclavos de los bancos y los bienes se convierten en los ídolos para los cuales vivimos y trabajamos. No olvidemos que Jesucristo murió para hacernos libres de todas las ataduras que nos esclavizan. Ninguna clase de opresión del ser humano es aceptable para nuestro Creador.

·············o Pida a los estudiantes que completen la actividad 4 y 5.

Dios identifica como verdaderos adoradores a quienes caminan cada día en su misión con Él. Jesús es nuestro mejor ejemplo, quien humildemente sirvió a la gente rechazada, marginada y desvalida, quien lloró por las ciudades al ver su decadencia, al ver a las personas desorientadas por falta de guías espirituales.

Necesitamos dejar a un lado la soberbia y el orgullo y aprender a caminar en humildad, adoptando el estilo de vida de siervo. Necesitamos recordar que un día nosotros también fuimos necesitados y que Dios nos abrazó con su amor benevolente. Dios transformó nuestra vida, poniéndonos hoy en una posición en la que podemos ayudar a otros.

Es gracias al fruto del Espíritu que podemos practicar este amor misericordioso y bondadoso, que Dios ha derramado en nuestros corazones. Tomemos hoy la decisión de dejarnos usar como instrumentos del amor benigno de Dios. Trabajemos para llevar justicia y amor solidario a los indefensos y necesitados. Abandonemos la postura individualista e indiferente. Seamos parte del cambio, seamos agentes de restauración.

Definición de términos claves

- **Benignidad:** La palabra original hebrea para "ser bondadosos" es *jesed*. Se traduce también como bondad, amor constante, misericordia, fidelidad y devoción. Se emplea 240 veces en el A.T., sobre todo en el libro de los Salmos. Este término es uno de los más importantes para describir el comportamiento que Dios espera de sus hijos e hijas.

- **Decadencia:** Es la pérdida progresiva de la perfección, un camino descendente que conduce a la ruina, un proceso de deterioro. La decadencia moral debilita a las sociedades dejando a sus ciudadanos expuestos y vulnerables a toda clase de amenazas. La decadencia moral ha sido la causa de la desaparición de grandes imperios, como el Imperio Romano, por ejemplo.

- **Minimalista:** Estilo de vida que rechaza el consumismo y la acumulación de bienes materiales. Se enfoca en volver a la vida simple, adquiriendo y conservando solo lo que es necesario para las actividades cotidianas y para vivir de una manera cómoda y saludable. Rechaza la idea del lujo, de pagar sobreprecios por artículos de marca, de desechar cosas que todavía son útiles solo para seguir una moda o tendencia.

- **Solidario:** Que ayuda a otro sin esperar recibir nada a cambio. La persona solidaria se identifica con la necesidad de la otra persona y le acompaña en el camino para que pueda alcanzar sus metas.

Resumen

El amor benigno es una más de las cualidades del amor santo de Dios que debemos practicar en nuestra vida. Se trata de un amor desinteresado, que se identifica con la persona en necesidad, le brinda amistad sincera y se involucra activamente en la búsqueda de soluciones. "Cuando practicamos este amor solidario como iglesia", el reino de Dios se acerca y se hace presente en nuestras comunidades. Como resultado, las personas confían en los cristianos, los corazones se abren a Jesucristo, las vidas son restauradas y las comunidades son transformadas.

Hoja de Actividades

ACTIVIDAD 1
Señale alguno de los actos de amabilidad que son frecuentes en su contexto:

__ Ceder el asiento en el autobús a una persona anciana o mujer embarazada.

__ Saludar a desconocidos en la calle o lugares públicos.

__ Dar las gracias a un empleado público que hizo bien su trabajo (policía, médico, maestro, etc).

__ Dar paso en la vereda a una persona en silla de ruedas o con discapacidad.

__ Manejando, ceder el paso a otro vehículo que quiere entrar en la calle a la hora de mayor tránsito.

__ Ayudar a un anciano a cargar las bolsas del mercado.

__ Dar la mano a una anciana que desciende del autobús o por una escalera.

__ Ayudar a una mujer sola a cambiar la rueda dañada de su automóvil.

__ Cuidar el niño pequeño de mi vecina mientras ella atiende un trámite.

__ Entregar un plato de galletas o un pastel de bienvenida a un vecino nuevo en mi barrio.

__ Ayudar a comprender un tema del curso a un compañero de clase que tiene dificultad.

__ Dejar una buena propina al mesero aunque no nos ha brindado un buen servicio.

__ Comprar comida o ropa para una familia necesitada, por motivación propia.

__ Secar los alrededores del lavatorio del baño público después de usarlo.

__ Ceder el lugar en la fila a una madre con niños pequeños.

__ Orientar a un cliente a encontrar lo que necesita en la tienda de la competencia.

__ Ayudar a un niño pequeño a amarrar los cordones de su zapato.

__ Levantar la basura del piso y ponerla en el contenedor para desperdicios.

ACTIVIDAD 2
En grupos de tres a cuatro integrantes respondan a las siguientes preguntas:

a. ¿Cuáles son algunas formas en que las personas pobres de su comunidad están desprotegidas? Por ejemplo: Seguro de salud.

b. ¿Cuáles son los grupos de personas "invisibles" en su comunidad, los que están desprotegidos o en pobreza extrema? Por ejemplo: Jefas de hogar.

c. ¿Qué tipo de ayuda necesitan estas personas para salir de su situación de exclusión?

d. ¿Qué podríamos hacer desde nuestra iglesia con el recurso humano que contamos, para aportar caminos de solución para estas personas?

ACTIVIDAD 3

¿Qué tipo de compromiso podría usted tomar para ayudar a una persona o familia de su comunidad? Marque en la siguiente lista.

___ Hacer compras o trámites para una persona anciana.

___ Ayudar con los gastos escolares de un niño o adolescente.

___ Contribuir con una canasta mensual de alimentos.

___ Donar una medicina mensualmente a una persona que padece una enfermedad crónica.

___ Hacer mantenimiento periódico al jardín de un vecino.

___ Cuidar los niños de una madre o padre soltero.

___ Recoger de la escuela a los niños de una madre que trabaja.

___ Dar tutorías para ayudar a los niños en sus estudios.

___ Practicar algún deporte con los niños o adolescentes del barrio.

___ Proveer alojamiento a inmigrantes mientras se ubican en un hogar.

___ Dar orientación gratuita sobre beneficios o recursos que pueden obtenerse del gobierno.

___ Transportar o acompañar a un anciano o persona con discapacidad a citas médicas.

ACTIVIDAD 4

En grupos de dos a tres personas respondan a las siguientes preguntas:

a. ¿En qué se nota el estilo de vida individualista y materialista de los cristianos en su contexto?

b. ¿Cómo podemos llevar a nuestros hermanos y hermanas a practicar el estilo de vida solidario y generoso que distingue a los ciudadanos del reino de Dios?

c. ¿Qué piensan acerca del estilo de vida minimalista? ¿El estilo de vida de Jesús era minimalista?

d. ¿Creen que los cristianos deberíamos adoptar un estilo de vida más sencillo? ¿Piensan que de hacerlo podríamos contar con más recursos económicos para ayudar a los necesitados?

ACTIVIDAD 5

El amor benevolente debe llevarse a la práctica, sólo así será visible a quienes nos rodean. Evalúe su vida y tome decisiones para el futuro respondiendo a las siguientes preguntas:

a. ¿Cuáles son las actividades que podría dejar de hacer para tener más tiempo para demostrar amor de una manera práctica a la gente en mi comunidad?

b. ¿Hay alguna persona que me ha hecho algún mal? ¿Qué puedo hacer para que pueda ver el amor misericordioso de Dios actuando en mi vida?

c. ¿Qué cambios debo hacer en mi vida a partir de hoy para adoptar un estilo de vida más sencillo y así contar con más recursos para ayudar a otros que están en necesidad?

d. ¿Qué barreras debería derribar para construir relaciones de amistad y compromiso con alguno de mis vecinos?

e. ¿Cómo puedo usar mi profesión u oficio para mostrar amor desinteresado a los invisibles o indefensos de mi comunidad?

_____

_____

_____

_____

_____

_____

_____

_____

_____

_____

_____

_____

_____

_____

_____

_____

_____

_____

_____

_____

_____

El bondadoso amor proactivo
LECCIÓN 8

Objetivos de la lección

Que el alumno...

- **Comprenda** la diferencia entre benevolencia y bondad.
- **Identifique** actos de bondad que pueden no ser percibidos como amables.
- **Reflexione** sobre los beneficios que el amor bondadoso produce a los demás.
- **Se comprometa** a desarrollar la cualidad bondadosa del amor de Dios en su vida.

Recursos

- Trozos de papel en blanco.
- Lápices para escribir.

En la lección anterior estudiamos la cualidad del amor benevolente. Bondad, es la siguiente característica del fruto del Espíritu en la lista paulina de Gálatas 5:22-23. La palabra griega en el texto original es *agathosune*, que describe a una persona que es de naturaleza buena, virtuosa, benévola, piadosa y misericordiosa, tanto en su manera de vivir como en el trato a los demás ¿Son semejantes estas características? ¿Cuál es la diferencia entre amor benigno y amor bondadoso?

La primera, benevolencia, describe el aspecto amable y solidario de la bondad. Bondad, es una de las aplicaciones de la benignidad. Bondad es la actitud de dar a los demás más allá de lo que ellos necesitan, tanto espiritual como materialmente. Pero bondad, también se refiere a hacer el bien a otros, aun cuando para ello se requiera ser firme y no necesariamente emplear métodos suaves.

·················o Pida a los estudiantes que completen la actividad 1.

La palabra *agathosune* es un término propiamente cristiano. Se menciona en el Nuevo Testamento como una cualidad de los hermanos y hermanas en la fe, quienes han sido regenerados y han nacido a la vida espiritual como hijos e hijas de Dios. Pablo, escribiendo a la iglesia de Roma, les dice: *"Por mi parte, hermanos míos, estoy seguro de que ustedes mismos rebosan de bondad, abundan en conocimiento y están capacitados para instruirse unos a otros"* (Romanos 15:14). Es decir, en el proceso de desarrollo saludable del discípulo de Jesús, el crecer en conocimiento de la Palabra y en la práctica de la bondad deben ir de la mano.

En esta lección estudiaremos algunos ejemplos de personas a las que se reconoce como buenas en la Palabra.

Estudio Bíblico

1. LA BONDAD DE LA CREACIÓN

La primera vez que la idea de bondad aparece en la Biblia es en el relato de la Creación.

Pregunte a la clase ¿Cuántas veces aparece la palabra bueno en Génesis 1: 1 a 1: 30? ¿Qué cosas califica Dios como buenas?

Podemos notar en este relato que al final del día sexto, en el versículo 30, luego de completar su obra, el Creador la contempla, la evalúa y exclama con gran entusiasmo que todo el conjunto de su creación era bueno en "gran manera". Esta palabra hebrea para bueno es *tov* y es muy rica en significados: amable, lindo, justo, moralmente bueno, práctico, deseable y hermoso. Esto lo podemos resumir *en tres significado*s:

Cumple
con su
propósito

Produce
beneficios
a otros

BUENO

Cumple con
la Ley Moral
de Dios

De manera que, para ser buenos delante de los ojos de Dios, nuestra vida debe cumplir con estos tres requisitos. En primer lugar, la creación de Dios hizo lo que Dios esperaba que hiciera. A cada uno de nosotros se nos ha dado el regalo de la vida, pero junto a ese regalo, se nos ha dado también un propósito dentro del plan de Dios para su Creación. Nuestros talentos y dones, nuestro llamado personal y la pasión que Dios pone en nuestro corazón para resolver un problema que afecta a otras personas, nos indican el camino que Dios ha escogido para nosotros. Cuando Dios nos mira y nos ve cumpliendo sus expectativas acerca de nuestra vida, su corazón se llena de alegría.

En segundo lugar, la creación reflejaba la naturaleza santa del Creador. Una persona buena para Dios es aquella que vive en santidad, que ha renunciado al pecado, que ya no tiene un corazón rebelde para con Dios. La persona buena vive para agradar a Dios y por eso no peca contra su hermano. Es una persona que se distingue del resto, porque ha muerto al egoísmo y siempre elige hacer lo correcto a los ojos de su Señor.

**⦀ Pida a un estudiante que lea Deuteronomio 30:15. Pregunte a la clase ¿Cuál
es el destino de los que se apartan del bien y escogen hacer el mal? ⦀**

Dios se regocija cuando sus hijos e hijas muestran su verdadera naturaleza santa y escogen hacer el bien.

En tercer lugar, en la creación original todos los seres vivían en armonía y paz, la coexistencia les proporcionaba bienestar a todos por igual. Una persona buena es aquella que produce alegría a otras personas. No es egoísta, tiene un corazón generoso, busca la oportunidad de hacer obras buenas para bendecir la vida de otros. Cuando Dios mira a una persona así, puede ver sus buenas obras y estas obras testifican de la bondad que hay en su corazón. Dios se goza cuando sus hijos e hijas esparcen amor en este mundo y contribuyen a la convivencia armónica de toda su creación.

2. Jesús un maestro bueno

El Lucas 18:18-30, se relata el encuentro entre Jesús y un hombre líder de su comunidad que se dirige a Jesús y le llama "maestro bueno".

▌▌▌ Distribuya los trozos de papel y los lápices para realizar la dinámica: "Definiciones negociadas". Escriba esta frase en la pizarra: *"Jesús era bueno porque..."* y pida a los estudiantes que la completen de manera individual. Al terminar se unirán en parejas y negociarán sus ideas para escribir una sola frase que represente lo que ambos piensan. Al completar esta etapa, se unirán en grupos de 4 estudiantes (2 parejas, cada una con una definición). Cada grupo elaborará una sola respuesta a la frase que represente las ideas de los cuatro integrantes. Cuando los grupos terminen, completen la frase en la pizarra con el aporte de todos los grupos, hasta obtener una frase que resuma el pensamiento de toda la clase. Luego lea la frase terminada y felicite a los estudiantes por el trabajo realizado. ▌▌▌

Todos podemos estar de acuerdo en que Jesús era la bondad encarnada. Evidentemente, este hombre pudo reconocer la diferencia entre Jesús y los otros rabinos o maestros de su época. Los rabinos enseñaban que "nada bueno había fuera de la ley", por eso Jesús le responde: *"¿Por qué me llamas bueno?... Nadie es bueno, sino solo Dios."*

Este era un hombre bueno a los ojos de sus vecinos. Él había sido obediente a los mandamientos desde joven, nadie podía señalar algún pecado en él. Para los demás, este hombre ya se había ganado la vida eterna, sin embargo, el viene a Jesús porque siente que hay algo que le falta, no creía que su vida era agradable en un cien por ciento al santo Dios. El pregunta: *¿Qué tengo que hacer para heredar la vida eterna?.*

▌▌▌ Pida a una estudiante que lea Lucas 18:22-27. Pregunte a la clase: ¿Qué le faltaba hacer a este hombre para ser bueno a los ojos de Dios? ▌▌▌

La respuesta de Jesús demuestra su conocimiento del corazón humano. El problema de este hombre no era su riqueza, sino que vivía para sí mismo. La riqueza era su dios, a ella dedicaba toda su energía, pensamiento y devoción. Si quería sentirse realizado en la vida, debía aprender a vivir para otros, con la misma pasión con que había vivido para sí mismo.

El contraste de Jesús con los maestros de su época, se puede apreciar en la parábola de los talentos de Mateo 25:21.

······················o Pida a los estudiantes que completen la actividad 2. Luego pida que compartan sus respuestas al resto de la clase.

Como vemos en estos pasajes, a Dios le agrada cuando hacemos más de lo que otros esperan de nosotros. Nuestra meta para hacer el bien, nunca debe ser la media que otras personas están dispuestas a dar. La bondad implica ir más allá, es amor proactivo, amor que busca la ocasión de hacer el máximo bien posible para los demás.

Este amor proactivo lo vemos una y otra vez en el actuar de Jesús. Él hizo cosas por otros que nadie se atrevía a hacer, y lo hizo porque era lo moralmente correcto a los ojos de Dios. Desafiando las leyes vigentes, perdonó a las prostitutas, no reprendió a la mujer con flujo de sangre que le tocó, sino que la recompensó sanándola, impidió que la mujer que fue sorprendida en adulterio fuese apedreada, sanaba enfermos en el día de reposo. En todas las ocasiones en que tenía que decidir como actuar, siempre ponía la ley moral de Dios primero. Una y otra vez puso su vida en riesgo al no acatar la ley humana, cuando esta invalidaba la voluntad de Dios. También, se expuso a ser criticado, malinterpretado o identificado como extremista político.

Jesús reprendía a quien fuera que amenazaba el bienestar integral de las personas. Derrotó a las enfermedades, expulsó a los demonios, reprendió a la tempestad, acusó a los líderes religiosos y todo lo hizo por pura bondad.

Jesús hizo cosas que nadie esperaba de Él, no porque era superhumano, sino porque permitió que su vida fuera un canal donde la bondad de Dios fluyera. Sorprendió a la gente cuando multiplicó los panes y los peces, pero también cuando agonizante en la cruz pidió a su Padre perdón para quienes lo maltrataban (Lucas 23:34). En ambos casos, lo que motivó a Jesús fue el mismo amor bondadoso y misericordioso de Dios, un amor que no se preocupa por cumplir con las expectativas de la gente, sino que cumple con las expectativas de Dios.

....o **Guíe a los estudiantes a completar la actividad 3 y 4.**

3. JOSÉ DE ARIMATEA

Además de Jesús, hay dos de sus discípulos a quienes se les reconoce su bondad en las Escrituras del Nuevo Testamento. El primero es José de Arimatea. Tan importante fue su rol durante la sepultura de Jesús que se menciona en los cuatro de los evangelios:

Pida a cuatro estudiantes que lean: Marcos 15:43-46, Lucas 23:50-53, Juan 19: 38-42 y Mateo 27:57-60.

Siguiendo los detalles que aporta cada uno de los evangelistas, podemos conocer más sobre la historia de José y su relación con Jesús. José era originario de Arimatea, una ciudad de la provincia de Judea, a unos 35 kilómetros al Noroeste de Jerusalén. Era un hombre educado y rico.

Desde hacía mucho tiempo José era discípulo de Jesús, pero le seguía en secreto, al igual que Nicodemo, ya que eran miembros del Concilio de Jerusalén o Sanedrín. Ambos no estuvieron de acuerdo con los miembros de este consejo en su propósito de arrestar y condenar a Jesús. Es probable que estuvieron ausentes de esta reunión que se convocó rápidamente y en horas de la madrugada.

La bondad y la justicia de José se muestran en su valor para presentarse ante Pilato y pedir el cuerpo de Jesús. En aquellos tiempos, los cuerpos de los criminales que no eran reclamados por sus familiares, se dejaban colgados para que los buitres y los perros se alimentaran de ellos y luego eran sepultados en una fosa común. A excepción de Juan, el resto de los discípulos habían mirado a lo lejos la agonía y muerte del Señor y luego corrieron a esconderse. Pero José con su acto de bondad salvó el cuerpo de Jesús de tan horrendo fin, guardando así en su muerte la dignidad de su maestro.

Uno de los requisitos para pedir el cuerpo era disponer de un sepulcro en Jerusalén. Juan y las mujeres junto a María, la madre de Jesús, eran de Galilea y no tenían propiedades en la ciudad. José, asume esta responsabilidad y regala una tumba nueva, que había comprado para él y su familia. La tumba cavada en la roca fue un regalo póstumo de este discípulo a su maestro.

Nicodemo se suma a José y, siguiendo la costumbre, preparan el cuerpo con ungüentos aromáticos y vendas para colocarlo en la tumba. Luego, José hace rodar la roca para sellar la tumba.

Lo que hizo José, preocupándose y ocupándose del cuerpo de Jesús para darle una sepultura honorable, es un acto admirable por el que lo recordamos hasta hoy. Su bondad lo llevó a vencer sus temores y hacer lo que era correcto a los ojos de Dios.

4. Bernabé

El siguiente discípulo de Jesús, del cual se menciona su bondad, es el que conocemos como Bernabé. Su nombre de nacimiento era José y era un levita originario de la isla de Chipre. Fueron los discípulos quienes le dieron el sobrenombre de Bernabé que significa "consolador".

Bernabé era uno de los miembros más respetados de la Iglesia en Jerusalén. La primera vez que se menciona es en Hechos 4:32-37, en la ocasión en que él vendió un campo y trajo el dinero a los apóstoles para suplir las necesidades de la naciente comunidad de fe. Su generosidad y honestidad eran conocidas por todos.

||| Pida a un estudiante que lea Hechos 11:22-26. Luego pregunte a la clase: ¿qué otras cualidades espirituales menciona el escritor Lucas que tenía Bernabé? |||

Bernabé demostraba con sus actos que era una persona llena del Espíritu. Bernabé tenía un don poco común, él podía ver el potencial de la gente, especialmente en los jóvenes. En Hechos 9:26-31, dice que cuando Pablo llegó a Jerusalén a presentarse delante de los apóstoles, para unirse a la Iglesia, no le querían recibir porque no creían en su conversión y le tenían miedo. Pero Bernabé acogió a Pablo, oyó su historia y quedó convencido de que Jesús había cambiado el corazón de Saulo. Luego usó sus influencias, especialmente con Jacobo y con Pedro, para que se reunieran con Pablo. Bernabé introdujo a Pablo y respaldó su historia. Como resultado, Pedro también se convenció e invitó a Pablo a ser su huésped por dos semanas. Así fue como Pablo llegó a entrar al equipo ministerial de los discípulos en Jerusalén. Por bondad, Bernabé tuvo el valor de permanecer al lado de Pablo en un momento crucial para su vida cristiana. Si Bernabé no se hubiera jugado por Pablo, otra sería la historia.

Despúes de esto, Bernabé -comisionado por los apóstoles- parte hacia la Iglesia en Antioquía, que estaba en medio de un gran crecimiento debido al testimonio de los laicos, pero no tenían maestros y predicadores para discipularlos en la fe de Jesús (Hechos 11:1-22). William Barclay dice acerca de esta decisión: *"Por la gracia de Dios enviaron a quien enviaron. Podrían haber enviado a alguien con una mentalidad rígida y estrecha que hubiera hecho de la ley un dios y que estuviera atado a sus normas y reglas; pero enviaron al hombre que tenía el corazón más grande de toda la Iglesia. Enviaron a Bernabé."*

Cuando Bernabé vio lo que sucedía allí y que más y más personas de diferentes razas y culturas llegaban a los pies de Cristo, buscó la ayuda de alguien más preparado que él. Pablo era esa persona que la nueva iglesia necesitaba y Bernabé acude en su búsqueda, se hace a un lado y lo pone a cargo de la obra. Una vez más la bondad de Bernabé se muestra en su disposición a dar un paso al costado para que la iglesia crezca.

En el capítulo 13:1-3, se nos dice que luego de algunos años de ministerio, Pablo y Bernabé habían formado varios maestros en Antioquía. La Iglesia ya tenía líderes espirituales y ellos pudieron partir a fundar más iglesias en otras ciudades. Al comienzo Bernabé era el líder del equipo misionero, luego Pablo asume el liderazgo. Bernabé, sabía hacerse a un lado y ocupar el segundo lugar cuando esto favorecía el avance de las misiones. Luego de varios años de servir juntos, Bernabé y Pablo se separan y ya no vuelven a ser compañeros en la misión.

||| Pida a un estudiante que lea Hechos 15:36-41. Pregunte a la clase: ¿Cuál fue el motivo de esta separación? |||

Pablo no podía confiar nuevamente en Marcos por abandonarlos anteriormente. El conflicto entre Pablo y Bernabé fue serio y Bernabé no cedió. Nuevamente, vemos a Bernabé jugarse el todo por el todo por un joven en el que podía ver el potencial para el reino de Dios. Bernabé defendió y acompañó a Marcos, al igual que lo había hecho años atrás con el mismo Pablo y lo llevó con él a Chipre. Después de esto, no se vuelve a mencionar a Bernabé en el libro de los Hechos. Según la tradición, Bernabé fue torturado y muerto en Chipre por judíos enemigos de los cristianos. Marcos pudo huir y escapar a Alejandría, donde sirvió como maestro y predicador de la iglesia por varios años.

La bondad de Bernabé lo llevó a ponerse al lado de este joven y dedicar tiempo a su formación, aun cuando otros no creían en él. En los años siguientes, estando Pablo encarcelado en Roma reconoce su error y le escribe a Timoteo: *"Solo Lucas está conmigo. Recoge a Marcos y tráelo contigo, porque me es de ayuda en mi ministerio"* (2 Timoteo 4:11). Marcos demostró ser un siervo valioso para la iglesia, permaneció también al lado de Pedro durante su ministerio y llegó a ser como un hijo para el apóstol (1 Pedro 5:13). Marcos también fue el autor del primer evangelio en circular por las iglesias en aquellos tiempos.

○ Guíe a los estudiantes a completar la actividad 5.

Definición de términos claves

- **Proactivo:** Persona que decide como actuar en cada momento, anticipándose a los acontecimientos, actuando con decisión y creatividad para solucionar problemas. Se refiere a intervenir en una situación, para ser de ayuda, sin esperar a que alguien se lo pida.

- **Sanedrín:** El gran concilio de Jerusalén se componía de 71 hombres, todos miembros de prominentes familias judías. Entre ellos había parientes del sumo sacerdote, ancianos y escribas. Bajo el permiso del Imperio Romano, este concejo juzgaba los casos importantes y podía condenar a muerte, pero esta condena debía ser ratificada por el procurador romano.

- **Condescendiente:** Persona que se acomoda a los gustos o deseos ajenos, siempre tratando de evitar el conflicto o de ganar enemigos.

- **Permisivo:** Persona que es tolerante en exceso, que concede con facilidad permiso a otro para hacer lo que desea, sin preocuparse por las consecuencias o el bienestar de esa persona o de quienes la rodean.

Resumen

El bondadoso amor proactivo se relaciona con un actuar justo y generoso, en todo momento y circunstancia de la vida. Es una bondad que no se deja influenciar por la opinión de los demás ni por su conducta, sino que busca hacer las cosas según las expectativas de Dios. La persona bondadosa toma sus propias decisiones, se pone del lado del incomprendido, es paciente con los débiles y aprendices, cree en el potencial de los seres humanos y los acompaña para que lleguen a dar lo mejor de sí para el reino de Dios. Una persona llena de la bondad de Dios se entrega a sí misma y todo lo que tiene para que otros puedan conocer y crecer como discípulos de Jesús.

Hoja de Actividades

ACTIVIDAD 1
Señale en la lista siguiente, algunas situaciones que usted ha presenciado en donde un acto de bondad pudo no ser recibido como un acto de amabilidad por el receptor.

__ Vacunar a un niño pequeño.

__ Limpiar una herida infectada.

__ Acomodar un hueso salido de lugar.

__ Sacrificar a un caballo herido.

__ "Dormir" a un perrito muy viejo y enfermo.

__ Promover políticas contra el consumo del alcohol o drogas.

__ Evitar la venta de comida chatarra a los niños en las escuelas.

__ Apartar al hijo adolescente de malas compañías.

__ Negarse a vender una medicina sin receta.

ACTIVIDAD 2
Responda las siguientes preguntas, luego de leer los pasajes señalados.

a. ¿Quiénes fueron los siervos que reciben la calificación de bueno y fiel en Mateo 25:14-28?

b. ¿Qué hizo mal el que fue reprobado?

c. ¿Cuántas cosas dejamos de hacer hoy los cristianos por pereza?

d. ¿Qué semejanza encuentra entre esta parábola y Santiago 4:17?

e. ¿Qué relación hay entre pereza y pecado para Dios?

ACTIVIDAD 3
Lea el siguiente párrafo y luego responda: ¿Cómo se aplica esta enseñanza a mi situación actual?

"La bondad de nuestro Dios se debe reflejar en nuestra conducta. Efesios 5:8-10 dice: "Porque ustedes antes eran oscuridad, pero ahora son luz en el Señor. Vivan como hijos de luz (el fruto de la luz consiste en toda bondad, justicia y verdad) y comprueben lo que agrada al Señor.

Pero algunos confunden ser bondadoso con ser tolerante, condescendiente o permisivo, es decir pasar por alto las faltas o hacer la vista gorda ante el pecado. Pero la Biblia enseña que no podemos separar la misericordia de Dios de su justicia, no hay uno que sea mayor que el otro. No debemos pensar que porque Dios es bueno, podemos hacer lo que nos venga en gana, pues de todas maneras no seremos castigados."

ACTIVIDAD 4

Mencione alguna de las leyes de su país que no deberían regir la vida de los cristianos, pues se oponen a la ley moral de Dios. La ley moral de Dios se resume en los 10 mandamientos. Los 4 primeros se refieren a amar a Dios y los 6 siguientes a amar al prójimo. Jesús resume la ley moral de Dios en el Gran Mandamiento de Mateo 22:37-39.

LOS DIEZ | MANDAMIENTOS

I
NO tendrás dioses ajenos
delante de Mí.

II
NO adorarás imágenes.

III
NO tomarás el nombre de Dios
en vano.

IIII
ACUÉRDATE del día de reposo
para santificarlo.

V
HONRA a tu padre y madre.

VI
NO matarás.

VII
NO cometerás adulterio.

VIII
NO robarás.

VIIII
NO mentirás.

X
NO codiciarás
nada de tu prójimo.

ACTIVIDAD 5

Responda a la siguientes preguntas para hacer una evaluación del nivel de bondad que muestra su vida. Luego, escriba sus metas personales para perfeccionar la cualidad del amor bondadoso.

a. ¿Qué actitud de Jesús debemos imitar según 1 Pedro 2:21-23? ¿En qué áreas necesito practicar más la bondad como lo hizo Jesús?

b. ¿Cuál es el ejemplo que debo seguir de la vida de José de Arimatea? ¿En qué situaciones comenzaré a mostrar ese amor bondadoso como lo hizo él?

c. ¿Cuál o cuáles de las características del amor mencionadas en 1 Corintios 13:4, estaban presentes en la vida de Bernabé? ¿Cuál o cuáles de ellas necesito perfeccionar en mi vida?

d. ¿En qué situaciones de mi contexto se necesita que los cristianos actuemos para defender los valores morales del reino de Dios?

e. ¿Qué cambios necesito hacer en mi forma de pensar y de actuar para ser un instrumento visible de la bondad de Dios actuando en el mundo?

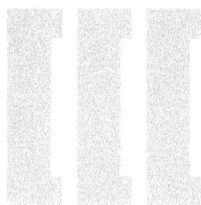

Amor que persevera
LECCIÓN 9

Objetivos de la lección

Que el alumno...

- **Conozca** las características del amor firme, constante, confiable y fiel.
- **Evalúe** su nivel de fe o confianza en Dios.
- **Reflexione** en los peligros de basar nuestras decisiones y actuar en los estados de ánimo.
- **Identifique** las áreas de su desarrollo como discípulo en que necesita un mayor nivel de compromiso.

Recursos

- Escriba en 5 trozos de papel o cartulina, en letra grande, en cada uno, una de las palabras siguientes: mentira, desconfianza, incredulidad, infidelidad, inconstancia.
- En otros 5 trozos de papel o cartulina del mismo tamaño, otras cinco palabras: verdad, confianza, fidelidad, constancia, credulidad.
- Tape o cinta para pegar los trozos de papel en la pizarra.

La siguiente cualidad del amor que es fruto del Espíritu, en la lista de Gálatas 5:22-23, se traduce en las diferentes versiones castellanas de la Biblia como: fidelidad, lealtad y también como fe o tener confianza en Dios. El término griego que Pablo emplea es *pistis*, que describe tanto a una persona creyente, confiada, de fe, pero también a una persona que es fiel, que es fiable o de confianza.

▌▌▌ Distribuya sobre la mesa los cinco trozos de papel con las palabras: mentira, desconfianza, incredulidad, infidelidad, inconstancia. Luego pida a los alumnos que formen 5 grupos y que cada grupo escoja una palabra. ▌▌▌

○ Guíe a los estudiantes ya agrupados para que completen la actividad 1. Al finalizar, pídales que compartan sus respuestas con el resto de la clase.

Cada una de estas palabras: mentira, desconfianza, incredulidad, infidelidad, inconstancia, tienen su antónimo, es decir una palabra que describe la actitud o conducta contraria.

▌▌▌ Ponga sobre la mesa los otros 5 trozos de papel con las palabras verdad, confianza, fidelidad, constancia, credulidad. Luego pida a los alumnos que agrupen su palabra con la palabra que describe la actitud o conducta contraria. Pegue en la pizarra los pares de palabras opuestas que deberían quedar como se indica aquí. Agregue los símbolos más y menos y explique a los estudiantes que las cualidades que están en la columna de la izquierda son las que el Espíritu quiere desarrollar en nuestras vidas, en cambio las de la derecha deben ser desechadas de la vida de todo discípulo y discípula de Jesús. ▌▌▌

Confianza	Desconfianza
Credulidad	Incredulidad
Fidelidad	Infidelidad
Constancia	Inconstancia
Verdad	Mentira

Estas 5 cualidades que deben crecer en nuestra vida: confianza, credulidad, fidelidad, constancia y verdad, son las que se relacionan con la novena característica del fruto del Espíritu que estudiaremos en esta lección.

1. CONFIANZA

Una de las primeras lecciones que aprendemos en la vida en general y en la vida cristiana en particular es a confiar en otros. Lograr confianza en otros y en nosotros mismos es imprescindible para un desarrollo mental y emocional saludable. Pero aun más importante es aprender a confiar en Dios. De hecho, no podríamos crecer en la vida cristiana y cultivar una relación de amor y compañerismo con el Creador, si no aprendemos a confiar en Él. En Oseas 12:6 dice: *"Pero tú debes volverte a tu Dios, practicar el amor y la justicia, y confiar siempre en él."*

Dios nos enseña a confiar en Él demostrando que es un Dios confiable, un Dios que cumple su palabra.

▐▐▐ Pida a un estudiante que lea Josué 23:14. Luego pregunte a la clase: ¿Cuál es la seguridad que tenía Josué? ▐▐▐

La vida de un cristiano es muy diferente cuando aprende a confiar plenamente en Dios. Sin embargo, confiar no es igualmente fácil para todos, especialmente cuando se han tenido malas experiencias con personas que traicionaron su confianza.

○ Pida a los estudiantes que completen la actividad 2.

Como vimos en el pasaje de Oseas 12:6 debemos tomar la decisión de confiar en todo momento y en toda circunstancia en Dios. Demostramos que confiamos en sus promesas cuando le obedecemos, por ejemplo al diezmar. Cuando diezmamos y ofrendamos con generosidad, Dios puede ver que creemos en sus promesas, de que Él suplirá todo lo que nos falte (Filipenses 4:19).

○ Pida a los estudiantes que completen la actividad 3.

Como vimos en la actividad 3, en la Biblia se nos anima a depositar toda nuestra confianza en Dios. No podemos amar a Dios con todo el corazón si no confiamos en Él. Debemos desechar los temores de nuestra vida y aceptar que Dios es el ser más confiable del universo, quién no nos defraudará jamás.

2. CREDULIDAD O FE

Lo opuesto a la incredulidad es credulidad, lo que también conocemos como fe. En la vida del cristiano se experimentan varios niveles de fe. Al comienzo de la experiencia como discípulo de Jesús aparece la fe salvadora. Esta es la fe, que puesta en acción, hace que el penitente confíe plenamente en Jesucristo para recibir perdón por sus pecados y la promesa de la salvación.

▐▐▐ Pida a un estudiante que lea Romanos 10:8-9. Pregunte a la clase: ¿Qué debe hacer una persona para ser limpio de sus pecados y recibir el regalo de la vida eterna? ▐▐▐

El único requisito para obtener la salvación eterna es creer y confesar.

El segundo nivel de la fe, es la fe como un don. Esta es la fe que aparece en la lista de los dones espirituales en 1 Corintios 12:1-11. El don de fe, se refiere a un regalo del Espíritu que reciben algunos cristianos, que los impulsa a poner en práctica una fe que es mayor que la de otros hermanos y hermanas. Las personas con este don de fe, alcanzan grandes objetivos para el reino de Dios, porque lo que para otros suena imposible, ellos lo ven como posible. A esta fe se refirió Jesús en la parábola de la semilla de mostaza.

||| Pida a un estudiante que lea Mateo 17:20. |||

Todos podemos desarrollar este don de fe, si aprendemos a confiar en Dios y dejamos de ver los obstáculos como barreras imposibles de cruzar.

El tercer nivel de la fe, es la fe como fruto. Esta es la fe que nos interesa para nuestro estudio del fruto del Espíritu. La palabra griega *pistis* significa depositar para, cualquier circunstancia de la vida, toda la confianza en la Palabra de Dios y en sus obras. El fruto de la fe se demuestra en esa seguridad de que Dios está con nosotros en todo momento, que nos protege en todo lugar, que podemos confiar plenamente en Él y en su fidelidad.

La fe que es fruto del Espíritu es una fe que se distingue por ser positiva, es una fe que mira a las personas y al futuro con esperanza, porque tiene la plena confianza en que Dios cumplirá sus promesas. Esta fe es la que nos hace tener gozo en medio de las pruebas, es la que nos hace cantar alabanzas a Dios en medio de las dificultades, es la fe que mira más allá, la que confía que hay un propósito de Dios para todo y para todos. Es esa fe, que mira más allá de los sucesos cotidianos y confía en el Dios Señor de la historia. Es la fe que nos lleva a involucrarnos con todo lo que somos y todo lo que tenemos, en su plan de restauración para la humanidad, desempeñando con gozo y esperanza el ministerio al que hemos sido llamados.

3. FIDELIDAD Y CONSTANCIA

La fe debería ser la respuesta natural del cristiano a la fidelidad de Dios. Fe, fidelidad y constancia van de la mano, no puede practicarse la una sin la otra. Pero… ¿Qué tan fácil es practicar la fidelidad en los tiempos que vivimos? A nuestro alrededor nada parece ser estable. Los gobiernos cambian, las leyes cambian, las personas cambian de opinión, cambia el lenguaje, cambia la pareja, cambia la tecnología, cambian los mercados y el valor de la moneda. En un contexto de cambio tan abrupto como el que vivimos, parece que la fidelidad ha pasado de moda.

En la cultura consumista en la que nos toca vivir, hemos aprendido a valorar el cambio. Por supuesto, quienes se benefician de este estilo de vida son las empresas que quieren vendernos sus productos. ¿Porqué nos atraen tanto los productos desechables? Es sencillo: porque no requieren que les demos mantenimiento. Si hablamos por ejemplo de platos, cubiertos, vasos, servilletas, no hay que lavarlos, secarlos y guardarlos. Decimos que preferimos estas cosas porque nos conviene. De igual manera, hay poco interés en reparar las cosas que se rompen, es más fácil y rápido comprarlas de nuevo.

Además de la contaminación ambiental resultante, el problema está en que hemos aprendido a tratar a las personas de la misma manera en que valoramos las cosas. Hoy las empresas hablan de "mano de obra desechable", es decir empleados temporarios o que trabajan medio tiempo y que reciben bajos salarios y pocos beneficios. La empresa se libra así de tener un compromiso con estos empleados, a los cuales reemplaza cuando ya no le son de utilidad.

Hoy, así como nos deshacemos con facilidad de los objetos que llamamos "desechables", también descartamos con facilidad a los amigos, a la pareja, el trabajo y la iglesia. Podemos ver esto con claridad en el estilo de relaciones que hoy asumen las parejas. Vivir bajo el mismo techo, sin obligaciones, se ha vuelto la moda. La ventaja es que no hay "ataduras", no hay compromiso con una relación a largo plazo. Hoy, la fidelidad y lealtad en un tiempo prolongado se perciben como una limitante a las libertades invididuales.

Tampoco hacemos el esfuerzo de reparar las relaciones rotas. Cuando el trato con otras personas se pone difícil, lo más fácil es hacer la maleta e irse a otra parte, de la misma forma que cuando un producto ya no nos complace: simplemente buscamos otro. De igual manera, cuando en la iglesia las cosas no se hacen como me gustan a mí, de manera personal, busco otra.

La cultura de lo desechable se opone a los compromisos profundos. En nuestro contexto, se ha perdido el valor de comprometerse con algo o con alguien. Vivimos en una búsqueda insaciable de lo nuevo, del cambio, de nuevas experiencias, como si quisiéramos llenar algo que nos falta. La idea de que algo pueda permanecer por mucho tiempo inalterable no suena real, en un ambiente donde todo cambia constantemente. La fidelidad y el compromiso parecen ser costumbres pasadas de moda.

·············o Pida a los estudiantes que completen la actividad 4.

▌▌▌ Luego pida a los estudiantes si tienen conexión a internet en su celular, que busquen "cristianos sin compromiso" y vean cuántos sitios aparecen tocando el tema. Luego pregunte a la clase: ¿cómo nos está afectando a los cristianos el escape del compromiso de la cultura que nos rodea? ▌▌▌

En el ambiente de individualismo extremo en que vivimos, las personas quieren tener la libertad de hacer lo que quieran con sus vidas, sin tener ataduras que los limiten. Quieren tener la libertad de cambiar de opinión y escoger entre varias opciones todo el tiempo. Prefieren decir… "llegaré cuando pueda o voy a ver si puedo ir". Esto equivale a decir, "no cuenten conmigo" o, "voy si no me sale algo mejor para hacer el fin de semana". Con estas excusas tratamos de quedar bien con las personas, pero ellas demuestran que en realidad no queremos que ningún compromiso limite nuestra libertad. Para mantener nuestra independencia y autonomía nos aseguramos de que nadie cuente con nosotros.

Lo que vemos como resultado de esta conducta evasiva, es personas que se sienten profundamente solas, tienen un gran vacío en su interior, ignoran que lo que necesitan es cultivar relaciones íntimas de amor, amistad, confianza y que para conseguir eso hay que comprometerse a largo plazo.

No fuimos creados para mantener relaciones superficiales, nuestra naturaleza humana necesita del cultivo de relaciones profundas de compañerismo. Evadir compromisos en las relaciones nos enferma.

Pero no nos engañemos: no es posible ser verdaderos hijos e hijas de Dios sin comprometernos con la fidelidad. Desde los tiempos del Antiguo Testamento los creyentes sabían que Dios responde con fidelidad a nuestra fidelidad.

▌▌▌ Pida a una estudiante que lea Salmos 101:6. ▌▌▌

El salmista afirma que Dios tiene sus ojos atentos a las personas que son fieles a Él, a estos ha escogido para que le sirvan y para vivir para siempre unidos. En estas personas Dios confía, porque demuestran con sus actos que son fidedignas. Los fieles son personas de conducta intachable. No son perfectos, puesto que no están exentos de cometer errores, pero son íntegros en su relación con su Señor y otros seres humanos.

Así como nos ocurre a nosotros, Dios prefiere trabajar y convivir con personas confiables, con personas fieles.

4. AUTENTICIDAD VERSUS LEALTAD CONDICIONADA

Otra de las características de la gente contemporánea es que va hacia donde le dicten sus emociones. Podemos ver a nuestro alrededor gente que piensa que es aútentica, solo cuando toma decisiones basadas en su estado de ánimo. El resultado es que las personas solo hacen algo si tienen "ganas", voy a la iglesia si tengo ganas o voy a limpiar después cuando tenga ganas… ¿nos suenan familiares estas frases?

Lo que está ocurriendo es que practicamos una lealtad a nosotros mismos, pero es una lealtad que no se rige por principios o valores que hemos adoptado para nuestra vida, sino que nuestro compromiso número uno es hacia nuestros estados de ánimo.

Otra manera en que se nos enseña a practicar lealtad en la cultura contemporánea, es comportándonos de cierta manera, es decir, seguir las "reglas del juego". Por ejemplo, se asume que si miento por un amigo, demuestro mi lealtad para con él. Es aceptable que haga algo ilegal en la empresa, si es la manera en que los jefes esperan que demuestre mi fidelidad. Es de esperarse que los amigos nos cubran y nos apoyen en todo, por ejemplo, en engañar a nuestra madre, a nuestra novia o al profesor. A esos se les considera amigos leales. Sin embargo, si una amiga nos dice que no nos va a respaldar en un engaño, dudamos de su lealtad y de la calidad de su amistad.

Saúl y Samuel vivieron también en un contexto de grandes cambios. Una nueva forma de gobierno se estaba estableciendo en Israel, mientras aún vivían en medio de la guerra por la conquista de Canaán, en contra de los pueblos enemigos. También estaba cambiando la forma en que Dios hablaba con su pueblo. Samuel fue el último juez y también el primer profeta, no obstante, había una gran diferencia entre Saúl y Samuel y ésta se debía a sus compromisos, a las lealtades en que ambos basaban sus decisiones.

Pida a un estudiante que lea 1 Samuel 13: 1-13.

En este pasaje vemos que Saúl era un rey sin compromisos firmes. Al igual que muchas personas hoy, se dejaba guiar por su estado de ánimo para tomar las decisiones y actuar en su vida. En el caso de Saúl, su actuar guiado por sus impulsos, llevó a toda su familia a la destrucción y puso en grave riesgo a las demás familias de su nación. No nos engañemos, todo lo que hacemos en nuestra vida tiene repercusiones.

5. EL CULTIVO DE UNA IGLESIA FIEL

La iglesia evangélica continúa creciendo rápidamente en todo el mundo. Entre el año 1900 y 2000, los evangélicos han crecido el 122 por ciento en el mundo, mientras que la iglesia católica solo ha crecido un 6 por ciento y la iglesia Ortodoxa ha decrecido un 50 por ciento. Esto se debe al gran compromiso y fidelidad que la iglesia evangélica ha mostrado con el evangelismo, la compasión cristiana y la plantación de iglesias en otras culturas, sobre todo en los últimos 200 años.

Sin embargo, la iglesia evangélica actual tiene una gran debilidad y es su poca profundidad espiritual. En América Latina, hoy la mayoría de los cristianos padecen de analfabetismo espiritual.

Hoy nos enfrentamos a uno de nuestros mayores desafíos de la historia de la Iglesia, que es formar a este inmenso número de creyentes, para que lleguen a ser maduros y comprometidos con la santidad de vida. Pero este problema solo puede solucionarse si los líderes espirituales se comprometen con la formación del pueblo de Dios, en lugar de enfocarse únicamente en programas atractivos, para atraer y entretener a una multitud. Cuando la iglesia adolesce de un serio compromiso con el discipulado transformador de las vidas, eso resulta en cristianos débiles, inconstantes y sin compromiso. Hoy Dios está llamando a los líderes a cumplir con la función principal a la cual les ha llamado.

⫴ Pida a un estudiante que lea Efesios 4:11-16. Luego pregunte a la clase: ¿Cuál es la principal responsabilidad a la que Dios llamó a los líderes de las iglesias? ⫴

El propósito de la vida cristiana es aprender a vivir en santidad, siguiendo el modelo de Jesucristo. Esta es la Gran Comisión que Jesús encomendó a su iglesia y el llamado primordial de su liderazgo. Nuestros programas de evangelismo deben conducir a la gente a tomar un compromiso con un discipulado progresivo, para que puedan tener cimientos espirituales firmes sobre los cuales construir sus vidas y ministerios.

5. EL CULTIVO DEL AMOR QUE PERSEVERA

Como hemos visto en los puntos anteriores, esta virtud del amor fiel no es bien comprendida y practicada por la gente en nuestro entorno. Sin embargo, los discípulos y discípulas de Jesús tenemos la responsabilidad de desarrollar esta cualidad del fruto del Espíritu.

Hay cuatro características de la fidelidad que necesitamos cultivar en nuestra vida.

⫴ Muestre a los estudiantes el gráfico: El cultivo del amor que persevera, en la actividad 6. ⫴

Podemos ver en este gráfico, como la iglesia por medio de un proceso de discipulado guía al nuevo creyente a asumir compromisos con Jesucristo, su pueblo y su misión.

Observamos también en la segunda columna del gráfico, los cinco compromisos que somos responsables de enseñar a los nuevos creyentes para que lleguen a ser cristianos de amor firme, constante, confiable y fiel:

a) Compromiso de vivir como discípulos santos de Jesús, con sólidas raíces en la Palabra de Dios (Colosenses 2:5-7).

b) Compromiso con la iglesia local y su liderazgo. Enseñarles a ser constantes en su asistencia, diezmos y ofrendas.

c) Compromiso con la obra de Dios en el mundo. Enseñarles a consagrar su vida al servicio de Dios, sirviendo a otros por medio de la práctica de sus dones espirituales y de acuerdo a su llamado individual.

d) Compromiso con su propio desarrollo y formación integral para realizar un ministerio de excelencia delante de Dios, de su pueblo y del mundo.

Concluya la clase con la actividad 7 y el tiempo de compromiso y oración.

Definición de términos claves

- **Autenticidad:** Característica de una persona que se muestra como es, cuya identidad y forma de ser es verdadera y consecuente con sus valores y creencias.

- **Credulidad:** Creer y estar conforme con lo que otros dicen o con ciertas ideas o creencias. En el caso del cristiano es creer en la Palabra de Dios y en sus promesas.

- **Cultura consumista:** Es el estilo de vida de adquirir y acumular bienes de manera exagerada y no siempre necesarios. Hoy, muchos matrimonios se destruyen y muchas personas viven endeudadas por el uso irresponsable de las tarjetas de crédito, para adquirir productos innecesarios, solo por cambiar el modelo o por seguir las modas.

- **Desechable:** El estilo de vida consumista está asociado al poco aprovechamiento de los productos, los que luego de escaso uso se arrojan a la basura o se regalan. Muchos de estos productos se usan solo una vez, lo que ha ocasionado graves problemas ecológicos.

- **Inconstancia:** Falta de estabilidad o permanencia en algo. Facilidad para cambiar de opinión, de manera de pensar, de pareja, de amigos, entre otros.

- **Fe como don:** El don de fe es la capacidad de poner la confianza en Dios, para satisfacer en forma milagrosa necesidades reales, con la firme seguridad de que se recibirá respuesta. No es una fe irracional, sino una que se basa en sus promesas, en el conocimiento de su amor y en la convicción de que como personas y como iglesia estamos sirviendo conforme al plan de Dios y pedimos conforme a su voluntad (Mateo 17:20). Los cristianos con el don de fe tienen la capacidad de animar a otros a confiar y esperar la provisión divina en una situación determinada.

- **Fidedigna:** Persona en la que se puede confiar porque habla con verdad y es leal o fiel.

- **Fidelidad:** Persona que es fiel a otra. También se puede referir a una persona que es puntual o responsable en la ejecución de sus responsabilidades.

- **Individualismo:** Es la tendencia a pensar y actuar de manera independiente, sin sujetarse a normas o costumbres vigentes, ya sea en la sociedad o en un grupo de personas. Esta postura defiende la primacía de los derechos individuales sobre los derechos de todos los demás. El origen de esta palabra viene de unir los términos "individual" e "ismo", es por eso que el pensamiento individualista se relaciona a los pecados del egoísmo, la vanidad, la egolatría (endiosamiento de uno mismo) y la rebelión ante la autoridad divina.

- **Lealtad:** Una persona leal es aquella que demuestra una fidelidad constante, por ejemplo, a una persona, una causa o propósito en su vida. Es una persona de honor, ya que se conduce en toda ocasión dentro de ciertas normas y principios que ha adoptado para su vida.

- **Perseverante.** Un cristiano perseverante es aquel que camina con Cristo hasta el fin de su vida (Hebreos 12:1). Mantener la relación con Dios cada día es responsabiidad del creyente, ya que si descuida su relación con Dios puede recaer en la vida de pecado y perder su salvación (1 Corintios 9:27).

Resumen

Esta cualidad del fruto del Espíritu podemos resumirla en fidelidad, que es lo opuesto a desconfianza, incredulidad, infidelidad, inconstancia y mentira. Hoy, es difícil desarrollar esta cualidad espiritual en medio de una cultura consumista e individualista que evade los compromisos a largo plazo y que toma decisiones con base en los estados de ánimo, en lugar de basarse en los valores y principios eternos de la Palabra de Dios. Para cultivar la fidelidad en nuestra vida, necesitamos poner toda nuestra confianza en Dios, quien nos ha dado suficientes razones y evidencias de su fidelidad. Hoy, la iglesia cristiana necesita cristianos comprometidos con la vida de santidad, con la misión de Dios y con su iglesia local. Una iglesia sin compromiso es invisible al mundo. Pero una iglesia formada en un proceso de discipulado progresivo, no solo vivirá en santidad, sino que transformará al mundo, sirviendo a otros en amor. La vida cristiana que agrada a Dios, es una que asume compromisos profundos y permanentes, que persevera en amar a Dios, amar a otros y servir a otros.

Hoja de Actividades

ACTIVIDAD 1

Para realizar en grupos. Escriban en la línea la palabra que han escogido y luego respondan a las preguntas.

a) ¿Qué tan común es la _____ en la gente de su comunidad?

b) ¿Puede mencionar alguna ocupación o profesión en la que sea más común la práctica de la _____?

c) ¿Ha presenciado alguna ocasión en que algún/a cristiano/a también lo practique?

ACTIVIDAD 2

Complete el siguiente test para evaluar su actual "Nivel de confianza en Dios". Marque una x en la columna que corresponda a su respuesta. Sume la cantidad de x en cada columna y luego lea las recomendaciones abajo para cada resultado.

	Nunca	A veces	Siempre
Creo que lo que Dios dice se cumplirá siempre en mi vida.			
Me siento seguro de que puedo confiar a Dios el control de mi futuro.			
Confío en que Dios está siempre a mi lado y nunca me abandona.			
Cuando oro le pido a Dios que haga su voluntad.			
Pienso que Dios me ama de la misma manera que ama a otros.			
Pienso que Dios me ama aun con mis fallas e imperfecciones.			
Creo que Dios es la persona que me entiende mejor.			
Confío al diezmar en que Dios proveerá todo lo que necesito.			
Deposito en Dios mis cargas confiando que el hará lo mejor.			
Creo que Dios ha limpiado todos mis pecados y me dará la vida eterna.			
TOTAL			

Evaluación de los resultados:

- *Mayoría de las x en la columna "Siempre".* Su confianza en Dios es fuerte, pero revise si hay áreas en que necesita madurar y póngase a trabajar en ello.

- *Mayoría en la columna "A veces".* Habrá que trabajar esas áreas específicas y tomar decisiones para creer en Dios de una manera plena de aquí en adelante. Cambie la manera de pensar en las áreas en las que tiene debilidad para confiar. Obedezca a Dios, aunque no "sienta" demasiada confianza y espere a ver cómo Dios cumple sus promesas.

- *Mayoría en la columna "Nunca".* Estudie en la Palabra las evidencias y pruebas de la fidelidad de Dios. Tome la decisión de iniciar cada día, leyendo una promesa de Dios para usted en la Biblia y repítala cada vez que pueda para memorizarla. Ore declarando que cree en Dios y en su Palabra y pídale a Dios que aumente su fe y confianza en Él. Rechace toda idea de duda o desconfianza que Satanás traiga a su mente. Evite conversar con personas que le traigan inseguridad o siembren dudas en usted acerca de la fidelidad de Dios. Converse con hermanos y hermanas cuya fe es fuerte, para descubrir cómo cultivaron esa confianza en Dios y aprender de sus experiencias.

ACTIVIDAD 3
Realicen esta actividad en parejas. Lean los siguientes pasajes bíblicos y hagan una lista de algunas de las razones que tenemos para confiar en Dios.

a. Salmo 91:9-11 _____

b. Romanos 5:8, 8:34 _____

c. Hebreos 13:8 _____

d. Salmos 18:17 _____

e. Efesios 5:2 _____

f. Jeremías 29:11 _____

g. Isaías 12:2 _____

h. 1 Corintios 10:13 _____

ACTIVIDAD 4
En grupos de tres a cuatro estudiantes respondan a las siguientes preguntas:

a. ¿Cómo nos afecta como iglesia la cultura desechable que nos rodea?

_____

_____

b. ¿En qué afecta a la iglesia que la gente hoy evada el compromiso?

_____

_____

ACTIVIDAD 5

Realizar en grupos de tres a cuatro estudiantes. En la lista siguiente se incluyen algunas situaciones de la vida en que necesitamos confiar en otra persona. Completen en la segunda columna: ¿Qué cualidad o cualidades buscaría en esa persona? Luego respondan a las preguntas abajo:

Situación o necesidad	Cualidad o cualidades éticas o morales
Dejar a su cuidado a mi niño o niña pequeño	
Hacer una remodelación en la casa	
Formar una sociedad para un negocio	
Confiarle asuntos privados y pedir consejo	
Reparar el motor del automovil	
Cuidar de mis plantas o mi mascota cuando viajo	

a. ¿Podría decir que estas cualidades describen a una persona fiel?

b. ¿Es fácil encontrar en nuestros contextos personas dignas de nuestra confianza?

c. ¿Recuerda algún delito o crimen reciente que involucra a una o más personas que no eran fiables?

d. ¿Le ha pasado que alguien en quien confió le defraudó?

ACTIVIDAD 6
Gráfico: El cultivo del amor que persevera

INFIDELIDAD	DISCIPULADO	AMOR	FIDELIDAD
Débiles raíces espirituales	Aprender a vivir en santidad como Jesús (Amar a Dios)	FIRME	Arraigado y edificado en Cristo
Amor fluctuante	Compromiso con la comunidad de fe (Amar a otros)	CONSTANTE	Amor perseverante
Incumple su palabra	Consagración al servicio (Servir a otros)	CONFIABLE	Cumple sus promesas
Administrador irresponsable	Compromiso con un servicio y ministerio fiel (Servir a otros)	FIEL	Buen administrador

ACTIVIDAD 7
Evalúe su vida respondiendo las siguientes preguntas. Luego en parejas tengan un tiempo de oración para reafirmar sus compromisos con el Señor.

a. Según Apocalipsis 2:10 la fidelidad tiene premio en la eternidad. Observe las 4 características de la fidelidad en la última columna de la derecha del gráfico de la actividad 6 y responda: ¿Si hoy estuviera en la presencia de Dios y su vida fuera evaluada, según su opinión… saldría aprobado? ¿Qué debería hacer de aquí en adelante para cumplir con las expectativas de Dios para su vida?

b. Lea Mateo 25:21 y reflexione: ¿Ha puesto condiciones a Dios para su fidelidad? ¿Ha estado dispuesto o dispuesta a servir a Dios solo cuando las cosas se hacen a su manera? ¿Ha dejado de diezmar y ofrendar con generosidad cuando su economía no marcha bien? Si su respuesta a alguna de estas preguntas es afirmativa, ha dado muestras de falta de fe y no ha sido fiel, como Dios espera de sus hijos e hijas. ¿Qué hará al respecto?

c. ¿Qué cambios debería hacer en su vida para que Dios y las personas que le rodean puedan confiar plenamente en usted?

d. Observe los 4 compromisos a los que nos debe conducir el discipulado y responda: ¿Alguna de estas áreas necesita ser reforzada en su vida? ¿Ha postergado alguna de estas metas y compromisos? ¿Qué decisiones espera Dios de usted hoy?

Mis notas

Amor que produce mansedumbre
LECCIÓN 10

Objetivos de la lección

Que el alumno...

- **Aprecie** el modelo de humillación de Jesucristo.
- **Comprenda** que necesitamos renunciar al orgullo para amar a nuestros contrarios.
- **Valore** el ejemplo de Jesús en la manera de tratar a los enemigos.
- **Practique** conductas para desarrollar mansedumbre y humildad en sus relaciones.

Recursos

- Una bolsa de cacahuates o maní con su cáscara.
- Una maza gigante de las que se usan en albañilería para demoler paredes o aplastar cosas (si no puede conseguir una, use una imagen impresa o proyectada).
- Biblias versión Reina Valera en libro o en los teléfonos celulares.
- Juzgue si necesitan usar diccionarios para la actividad 3.

Introducción

Jesús comenzó su mensaje a la multitud, en el que conocemos como el Sermón del monte, con una serie de promesas. Algunas de estas bendiciones estaban destinadas a las personas que sufrían por diferentes causas. Pero otras de estas recompensas, estaban destinadas a las personas que mostraban las cualidades de carácter de un verdadero hijo o hija de Dios.

Pida a los estudiantes que lean Mateo 5:1-12 e identifiquen: ¿Cuáles son las cualidades de carácter que serán recompensadas? ¿Cuál será la recompensa en cada caso?

Como vemos, la mayoría de las recompensas prometidas por Jesús serán para personas que muestran ciertas cualidades de carácter como ser pobres en espíritu, mansos, misericordiosos, limpios de corazón y pacificadores. Lo interesante es que todas estas cualidades no pueden alcanzarse por nuestro esfuerzo personal. Por ejemplo, para alcanzar el perdón de Dios, necesitamos humillarnos delante de Dios y reconocer nuestra pobreza espiritual, es decir, la necesidad de nuestro espíritu de ser vivificado y regenerado a una nueva vida de riquezas espirituales por el Señor. Solo de esta manera podemos ser ciudadanos del reino de los cielos. Igualmente, nosotros no podemos limpiar el pecado de nuestro corazón, solo Dios puede darnos un corazón nuevo y limpio de pecado. Pero, una vez limpio nuestro corazón, somos responsables de apartarnos de toda clase de mal y mantener nuestra vida limpia de pecado.

El ser pacificadores y misericordiosos son cualidades del amor que es fruto del Espíritu, ambas las hemos estudiado en lecciones anteriores. Pero hay otra cualidad que tiene una recompensa especial, "la herencia de la tierra". Esta es la mansedumbre, otra característica del amor de Dios, que el Espíritu quiere perfeccionar en nuestra vida.

La palabra griega que emplea Pablo en Gálatas 5:23 es *prautes*, que en varias versiones bíblicas se traduce como humildad. El término griego original describe una actitud humilde, modesta y sumisa delante de Dios, la misma que en el trato hacia los demás muestra dulzura, bondad y suavidad. La persona mansa es una persona atenta, cortés y dispuesta a servir a otros en las tareas más humildes. En el estudio de esta lección, comprenderemos más sobre esta cualidad del fruto del Espíritu a través del modelo de Jesucristo.

1. La actitud humilde de Jesús hacia el Padre

Jesús es nuestro mejor modelo sobre la mansedumbre y la humildad de corazón. El apóstol Pablo describe en el maravilloso pasaje de Filipenses 2:5-11 esta cualidad del carácter del Señor.

·································○ **Pida a los alumnos que completen la actividad 1.**

La única manera de cultivar una actitud humilde delante de Dios es haciendo a un lado el orgullo. Jesús renunció a toda ambición personal, al deseo de alcanzar fama y prestigio, hizo a un lado el orgullo.

Una vez apartado el orgullo, el corazón está listo para abrazar la voluntad de Dios para nuestra vida. Fue así como Jesucristo se sometió a la voluntad perfecta de su padre y así pudo cumplir con la misión que Él le había encomendado por amor a nosotros. No podemos sacar al amor de la ecuación, pues es el amor redentor del Padre el que se impregnó en el Hijo, el mismo que les movió a hacer el más grande de los sacrificios para salvar a sus amadas criaturas.

El apóstol Pablo explica en Filipenses 2:7 que el Señor se despojó a sí mismo. El verbo griego que el apóstol emplea es *kenoun*, que significa vaciar. Jesús se vació de su gloria para venir a nacer como un ser humano. En 2 Corintios 8:9, también dice: *"Ya conocen la gracia de nuestro Señor Jesucristo, que, aunque era rico, por causa de ustedes se hizo pobre, para que mediante su pobreza ustedes llegaran a ser ricos"*. Es decir, Jesús dejó atrás todo aquello que le otorgaba poder para imponer su voluntad a los hombres. Se sometió voluntariamente al hambre, al frío, a la enfermedad, a ser tratado con violencia y a ser menospreciado. Nada de esto hubiera pasado si se hubiera presentado ante los hombres en su gloriosa divinidad.

Jesús renunció a sus privilegios divinos y fue esta actitud la que le permitió "tomar forma de siervo", es decir, de un esclavo, para ofrecer a la humanidad un servicio que solo el santo Hijo de Dios podría realizar: pagar el precio por nuestro pecado en la cruz, saldar nuestra deuda con Dios y darnos el regalo de la vida eterna.

En Filipenses 2:8, continúa hablando de la humildad de Cristo y su sometimiento absoluto a la voluntad de su Padre. En el momento antes de ser arrestado, Mateo nos dice que Jesús se encuentra luchando en oración en el huerto de Getsemaní.

||| **Pida a un alumno que lea Mateo 26: 36-46.** |||

No conocemos el contenido de la mayoría de las oraciones íntimas de Jesús con su Padre, pero seguramente una de las cosas que Él buscaba era que su voluntad estuviera siempre sujeta a la voluntad de Dios, para que su vida fuera útil a sus propósitos. Él también nos enseñó a orar de esta manera: *"Hágase tu voluntad en la tierra como en el cielo"* (Mateo 6:10).

El contexto del pasaje de Pablo a los filipenses era la falta de unidad entre los hermanos de la iglesia. La actitud humilde es la argamasa que une a las personas, a la iglesia y a las familias. El peor enemigo de la unidad es la autoexaltación, es el orgullo tomando control de nuestras emociones y nuestras acciones. No es posible obedecer a Dios y servirle con un corazón orgulloso. La condición para ser hijos de Dios es amarle con todo el corazón, con toda nuestra mente, con toda el alma y todas las fuerzas (Marcos 12:30). Es por eso que desde la antigüedad Dios declara que pecamos contra Él cuando por nuestra soberbia nos rebelamos ante su voluntad (Proverbios 21:4).

Este mismo carácter humilde y manso lo vemos también en el Espíritu Santo. La falta de egoísmo en la trinidad es evidente en la relación que hay entre el Padre, el Hijo y el Espíritu. No hay competencia de poderes, no hay lucha por ganar popularidad. El Espíritu es un siervo por excelencia, haciendo múltiples tareas para nuestro bienestar y salvación. Él es quien nos atrae al amor de Dios, quien nos hace nacer de nuevo, nos da dones, nos llena del amor de Dios, es nuestro maestro y también nuestra ¡ayuda para la memoria! (Juan 14:26). Al igual que Jesucristo, no busca gloria para sí, sino para el Hijo y el Padre ¿No sería maravilloso que los seres humanos practicáramos esta calidad de amor en nuestra familia, en nuestra iglesia y en nuestra sociedad?

2. LA MANSEDUMBRE DE JESÚS EN SU TRATO HACIA OTROS

Para comprender mejor sobre la cualidad de la mansedumbre en las relaciones entre personas necesitamos verla en acción en la vida de Jesús.

Durante su tiempo en esta tierra, Jesús se relacionó con todo tipo de personas: ricos, pobres, gente de diferentes profesiones y oficios, personas con enfermedades o que estaban sufriendo por diferentes causas, gente con muy alta educación y gente analfabeta. Trató con personas que eran amigables con Él, que lo amaban y respetaban, y también con gente que lo atacaba y perseguía, con personas que lo traicionaron y con soldados que lo torturaron hasta morir. Pero la mansedumbre del Señor afloraba en el trato con todos ellos, aun con sus enemigos.

Si hubo un hombre en la historia que tenía todo el poder para destruir a sus enemigos, ese fue Jesús ¿Qué haríamos nosotros si tuviéramos todo el poder para hacer que otros hagan lo que deseamos?

⬦ Pida a los alumnos que completen la actividad 2.

Cuando el Hijo de Dios irrumpe en la historia, no lo hace con el poder de la fuerza militar, de las riquezas, del conocimiento o de una posición. Los magos llegaron desde el oriente buscando un rey y lo que encontraron fue a un bebé nacido en una familia de humildes trabajadores. Jesús inicia su ministerio con una actitud humilde, pidiendo a Juan que le bautice, reconociendo la importancia de su rol y su autoridad espiritual.

Jesús no necesitaba cuidar su imagen, pues Él era genuino, no estaba interpretando un papel para la gente. No le molestó que lo vieran rodeado de los débiles y marginados, de personas enfermas, viudas, prostitutas, pobres, niños o cobradores de impuestos.

Habiendo ya su fama crecido entre la gente y pudiendo entrar a Jerusalem como rey triunfador, escoge entrar en un sencillo burrito. A sus discípulos les lavó los pies, tomando el lugar de un esclavo. Cuando lo arrestaron, permitió que lo torturaran y lo insultaran, sin oponer resistencia ni hacer uso de su poder.

Cuando el apóstol Juan en Apocalipsis busca al león poderoso y triunfante, aquel que es digno de abrir los sellos que traerán el juicio de Dios sobre la tierra, no lo encuentra. Pero lo que ve, al lado de trono de Dios, es un cordero y entonces relata Juan, el cielo entero estalló en un canto de alabanza: *"¡Digno es el Cordero, que ha sido sacrificado, de recibir el poder, la riqueza y la sabiduría, la fortaleza y la honra, la gloria y la alabanza!"* (Apocalipsis 5:12). ¿Un Dios siervo? ¿Un Dios manso? ¿Qué clase de Dios tenemos los cristianos?

···o Pida a los alumnos que completen la actividad 3.

En la actividad número 3, hemos visto que el trato de Jesús con todas las personas siempre fue respetuoso. Aunque, según nuestra perspectiva, nos puede parecer que en ocasiones Jesús insultó a sus enemigos. Pero cuando comparamos las intenciones que había en sus enemigos y las motivaciones detrás de las palabras de Jesús, nos damos cuenta que Jesús no respondió a los ataques que recibió de manera egoísta, a la defensiva o con intenciones ocultas. Veamos unos ejemplos:

||| Pida a varios alumnos que lean los siguientes pasajes: Juan 7:47, Mateo 12:38, Lucas 11:53, Marcos 12:13, Juan 12:19, Mateo 12:14, Lucas 16:14, 6:7; Marcos 2:18-24, Mateo 12:24. |||

Los evangelios relatan ampliamente la maliciosa actitud y el trato irrespetuoso que los religiosos de la época le daban a Jesús.

a. Trataban de poner a la gente en su contra (Juan 7:47).

b. Le ponían trampas para atraparlo en alguna palabra intentando acusarlo y llevarlo a juicio (Mateo 12:38, 22:15, 19:3, Juan 8:3-5).

c. Lo acosaban con preguntas cuando Él estaba cansado, buscando que se confuda en la respuesta (Lucas 11:53).

d. Lo provocaban pidiendo que haga señales o milagros (Marcos 12:13, Mateo 16:1).

e. Le tenían celos y por eso querían destruir su ministerio (Juan 12:19).

f. Conspiraban en secreto para ponerle trampas (Mateo 12:14, 22:34, Juan 11:47) y luego para matarlo (Marcos 3:6).

g. Se burlaban de Jesús (Lucas 16:14) y murmuraban a sus espaldas (Lucas 15:2, Juan 9:16).

h. Lo seguían para espiarle y enviaban espías encubiertos (Lucas 6:7, 20:20-21).

i. Lo acusaban de ser falso, de engañar a la gente, de no respetar la ley de Dios (Marcos 2:18-24, 7:1-5; Lucas 6:2, Juan 9:16), de asociarse con pecadores, compartiendo su conducta pecaminosa (Marcos 2:16) y hasta llegaron al extremo de acusarle de servir a Satanás (Mateo 12:24).

Ahora veamos la actitud y la forma en que Jesús les trató a ellos.

||| Pida a varios alumnos que lean: Marcos 8:5, Lucas 11:42-43, 10:25-37. |||

a. Jesús los denunció, la preocupación de Jesús era el pueblo, a quienes estos líderes confundidos no estaban guiando en el camino que Dios esperaba (Mateo 23:1-37, Marcos 8:15).

b. Les advirtió en reiteradas ocasiones sobre su conducta errada y sobre su manera de pensar equivocada con respecto a la voluntad de Dios para con su pueblo (Mateo 23:13, Lucas 11:42-43).

c. Les impartió enseñanzas por medio de ilustraciones y parábolas, por medio del método de preguntas que usaban los maestros en ese tiempo, actividades de aprendizaje especialmente diseñadas por Jesús para que ellos comprendieran su error y cambiaran de actitud (Lucas 10:25-37, 14:1-34).

Como vemos, podemos comprender el trato autoritativo de Jesús hacia ellos porque como Hijo de Dios, su motivación era defender a su pueblo de las enseñanzas confusas y los malos ejemplos que recibían de los religiosos de la época, quienes como dice Lucas 16:14, se habían desviado de su misión, porque les "encantaba el dinero". Sin embargo, Jesús no solo les recriminó por su pecado, al mismo tiempo cuando captaba su atención, vemos que como humilde y compasivo maestro, procuraba hacerles comprender lo lejos que estaban de la voluntad de Dios.

Jesús amó a aquellos que se levantaron como sus enemigos y estuvo dispuesto a morir en la cruz por ellos, pero al mismo tiempo, con carácter firme, no permitió que negaran su identidad y menospreciaran su ministerio.

3. Mansedumbre no es debilidad

Las personas hoy en día piensan que ser dócil, ser manso y humilde, es un signo de debilidad. En los evangelios vemos que las personas se asombraban de que Jesús no hiciera uso de su poder para destruir a sus enemigos.

||| Saque la bolsa de maníes y ponga uno sobre la mesa. Pida a varios estudiantes que hagan el intento de aplastar el maní con la maza, pero que se detengan en el momento justo, para no causar ningún daño a la cáscara. Quizás no lo logren en el primer intento, pero anímelos a continuar hasta que logren controlar el peso de la maza y así no causar daño a la semilla. Luego como premio reparta los maníes a la clase, pídales que rompan la cáscara con delicadeza para no dañar la semilla. Luego pregunte a los alumnos: ¿Qué podemos aprender sobre la mansedumbre con esta ilustración? |||

¿A cuántos de nosotros desde pequeños nos enseñaron que el mundo es como una jungla y que para sobrevivir en el hay que ser fuerte? En la sociedad que nos rodea, se admira a las personas que tienen poder y fuerza. Los actores con grandes músculos o con destrezas en artes de combate siguen siendo los favoritos de muchos de nosotros. Lo mismo ocurre con los videojuegos o juegos de computadora, donde el uso de la fuerza bruta y la violencia suman puntaje.

||| Pida a los alumnos que mencionen ejemplos de películas de acción o videojuegos que emplean la violencia y la fuerza bruta para vengarse de los enemigos o para combatir el mal. |||

En el mundo de hoy todos quieren ser vistos como un poderoso león, nadie quiere ser comparado con un manso cordero. Cuando nos atacan, reaccionamos demostrando nuestra fuerza, nos hacemos los duros, actuamos como se espera de los hombres, los "machos de verdad".

Hemos aprendido a ser agresivos para sobrevivir. Las mujeres no quieren verse sumisas a los hombres, los jóvenes no quieren que sus padres les gobiernen, los empleados luchan porque sus capacidades se reconozcan, por "brillar" más fuerte que sus compañeros para conseguir un ascenso, para obtener un puesto que les de poder y status. Hoy solo basta ver las fotos de *selfies* en las redes sociales para obtener una muestra de como nos autopromocionamos ante los demás. Hay una gran necesidad en las personas de ser admirados, felicitados, reconocidos y alabados por otros.

Nos han enseñado a ocultar las emociones y los sentimientos que la cultura relaciona con la debilidad. Mostrar ternura hacia otros, llorar y dejar ver nuestra fragilidad humana, se consideró por muchos años como propio del "sexo débil". Oficios de servicio humilde, como la enfermería y el cuido de niños y ancianos fue por mucho tiempo "trabajo" de mujeres. Pero a partir de la llamada liberación femenina, las mujeres han adoptado características de "dureza", para ser vistas en el mundo laboral como capaces de trabajar duro y competir con los hombres por los puestos de trabajo.

Sin embargo, los discípulos de Jesús no debemos guiarnos por las normas culturales sino mirar a Jesús y seguir su ejemplo. Desarrollar un carácter humilde y manso no significa que no nos valoramos a nosotros mismos. No significa callarnos ante la injusticia, ni aceptar los abusos y malos tratos de la gente. Por el contrario, porque conocemos el valor de nuestra vida para Dios, es que debemos reaccionar con amabilidad aunque nos traten injustamente, aunque otros no nos valoren o no valoren lo que hacemos.

....o **Guie a los alumnos para completar la actividad 4**

En los roles en que servimos los cristianos en el liderazgo del hogar, de la iglesia y la sociedad, en ocasiones necesitamos hablar con autoridad y firmeza para que la gente entienda o corrija el rumbo. Es por eso que Pablo le dijo a Tito, quién era obispo en la isla de Creta: *"Esto es lo que debes enseñar. Exhorta y reprende con toda autoridad. Que nadie te menosprecie"* (Tito 2:15).

4. MANSEDUMBRE EN LA VIDA DIARIA

Al ver el modelo de Jesús, no nos queda más que preguntarnos: ¿Es posible para nosotros los discípulos de Jesús practicar esta calidad de amor humilde y manso, aun con las personas que nos tratan mal y nos causan daño?

▌▌▌ Pida a un alumno que lea Mateo 11:29 en la versión Reina Valera. ▌▌▌

En este pasaje, Jesús afirma que si le seguimos a Él y aprendemos de Él, desarrollaremos un carácter manso y humilde. Nacemos con un corazón orgulloso pero podemos aprender a ser mansos. Veamos tres cosas que podemos hacer para practicar humildad en nuestra vida diaria:

a. Amar y orar por quienes nos persiguen

Si hay un mandato que nos dejó Jesús difícil de aplicar es este. En Costa Rica tienen una frase para hablar de las personas que no son amigables, ellos dicen "no me cae bien". En México, para decir que alguien no les agrada dicen "me cae gorda o gordo". Los judíos en el tiempo de Jesús tenian por costumbre aplicar la ley del "ojo por ojo y diente por diente". Cuando alguien provocaba una ofensa a otra persona, no se pensaba que la persona que devolvía el golpe hacía algo malo delante de los ojos del Creador. Pero en el nuevo reino de justicia inaugurado por Jesús, el trato a los enemigos es totalmente diferente.

Jesús nos enseñó a amar y a orar por quienes no son amables con nosotros: *"Pero yo les digo: Amen a sus enemigos y oren por quienes los persiguen, para que sean hijos de su Padre que está en el cielo. Él hace que salga el sol sobre malos y buenos, y que llueva sobre justos e injustos"* (Mateo 5: 44-45) ¿De qué clase de amor habla el Señor? No hay manera de que brote de nuestro ser un cariño espontáneo por las personas que nos hacen mal. Es verdad y Dios sabe esto y no nos está pidiendo que hagamos nada que sea antinatural, ya que no es correcto amar a nuestros enemigos de la misma manera que amamos a nuestros seres queridos.

El amor que Jesús nos pide practicar con nuestros enemigos no es el tipo de amor que nace de nuestro corazón, ese cariño entrañable que sentimos por nuestra familia. Recordemos que los griegos tenían diferentes verbos para diferenciar los tipos de amor. En este pasaje Jesús usa el verbo *"agape"* que describe un amor que está cimentado en la buena voluntad, en una decisión de amar a quienes "no nos caen bien" y a quienes "no les caemos bien".

El amor *"agape"* es un amor que no busca venganza, ni castigo, sino busca lo mejor para la otra persona, aun cuando esto signifique disciplinarla. Es un amor que en lugar de causar daño, desea sanar a las personas y encontrar una salida positiva al conflicto. Esto es más que abstenerse de devolver mal por mal, el amor "agape" es un amor que actúa, que hace lo posible para restaurar las relaciones rotas.

Pero aunque esto ya es difícil de obedecer, el Señor nos dice que para ser auténticos hijos del Padre debemos también orar por quienes nos ofenden ¿Hace alguna diferencia en nuestra actitud cuando oramos por nuestros enemigos? La respuesta es SI y mucha. Como explica Philip Kenneson: *"Orar por otras personas, nos ablanda el corazón hacia ellos y nos estimula a tratarlos mejor, como otras criaturas falibles hechas a imagen y semejanza de Dios."*

Cuando nos enojamos con otros nos inunda un sentimiento de soberbia, que brota de nuestras heridas y nos decimos a nosotros mismos que somos mejores que la otra persona. Pero si evitamos reaccionar a la defensiva y buscamos estar cara a cara con Dios, podemos vernos tal cuál somos, en nuestro pecado, imperfección y fragilidad, también recordar la gracia de Dios para con nosotros y eso nos da un sentido de humildad y un sentimiento de compasión frente a otras personas.

b. Resistir la tentación de ganar siempre

En la vida no podemos evitar los conflictos con otras personas, pero para los cristianos y cristianas la forma de enfrentarlos y resolverlos debe ser diferente.

Una de las cosas que le impide a las personas resolver sus diferencias es querer tener siempre la razón. Esto se ve claramente en la familia o cuando trabajamos en equipo. No debemos sentimos ofendidos si no se aprueba nuestra idea, sino que debemos aprender a escuchar otras opiniones y valorar otras ideas.

Para desarrollar un carácter manso necesitamos aprender a compartir nuestras opiniones con humildad y con la confianza de que Dios nos guiará a tomar la decisión correcta.

Para muchas personas, por su temperamento, es más difícil ceder el control y la autoridad en otras personas, aceptar que las cosas pueden hacerse de manera diferente, y que no todo debe ser hecho "a mi manera". Pero el temperamento nunca debe ser usado como excusa para ser descortés y grosero en el trato con otras personas.

Mientras estamos aprendiendo a ser humildes y mansos, debemos reconocer cuando cometemos errores. El Espíritu se encargará de hacernos saber cuándo hemos ofendido a alguien y debemos tener la valentía de acercarnos humildemente a pedir perdón por la manera en que hemos reaccionado.

························o **Pida a los alumnos que completen la actividad 5.**

Definición de términos claves

- **Mansedumbre:** Disposición humilde del corazón delante de Dios y de las demás personas. Se demuestra en el trato amable y respetuoso, en el negarse a devolver mal por mal, para buscar restaurar las relaciones y procurar el bienestar del agresor.

- **Humildad:** Se refiere a la actitud de la persona no a su condicion económica. Esta actitud es la de un amigo que se pone al lado del otro, no se siente superior al otro, aunque su posición o status social se lo permita. La humildad conlleva también una actitud de servicio hacia los demás, de considerar a los otros como superiores a nosotros mismos.

- **Siervo:** Las palabras griegas para siervo son *"diakonos"*, servidor y *"doulos"*, esclavo. Indica sometimiento de una persona al servicio de otra.

- **Fariseos y Saduceos:** Líderes de la sociedad judía en el tiempo de Jesús, enfrentados por sus ideas políticas, ambos muy celosos de la religión. Se consideraban a sí mismos guardianes de la ley de Moisés y responsables de conservar las costumbres del pueblo de Israel, junto a los Escribas.

Resumen

Jesús nos provee un modelo perfecto de la cualidad del amor manso y humilde que Dios desea que desarrollemos en nuestra vida. Este amor, no es solo para ponerlo en práctica en la forma en que nos relacionamos con nuestros seres queridos, sino también en nuestras relaciones con quienes nos maltratan con sus palabras y sus acciones. El amor hacia las personas que no nos caen bien o que no les caemos bien, no es un amor que fluirá espontáneamente de nuestro corazón, sino un amor que proviene de nuestra voluntad de ser benevolentes con todas las personas. El cristiano debe dejar a un lado el orgullo y resistir la tentación de ganar siempre con el fin de resolver los problemas en sus relaciones de manera constructiva. Buscar la paz con todos y buscar lo mejor para los demás es la actitud que debe regir en nuestras relaciones.

Hoja de Actividades

ACTIVIDAD 1
En grupos de tres personas lean Filipenses 2: 5-11 y respondan las siguientes preguntas.

a. ¿A qué dice Pablo que Cristo Jesús se rebajó voluntariamente?

b. ¿Cuál es la relación entre la humillación de Jesús y su obediencia al Padre?

c. ¿Quién recibió la gloria por la humillación y obediencia de Jesucristo?

d. ¿Qué recompensa recibió Jesucristo por su actitud humilde y obediente al Padre?

ACTIVIDAD 2
Responda a las siguientes preguntas:

a. ¿Si Dios le concediera el poder para hacer que otras personas le obedezcan, cómo lo usaría? Mencione tres ejemplos.

_____

_____

_____

b. ¿Qué pensaría la gente en su contexto, al ver que una persona tiene todo el poder para vengarse de sus enemigos, pero no lo usa?

_____

ACTIVIDAD 3
En grupos de dos o tres alumnos busquen los siguientes pasajes en la Biblia y luego completen las columnas en el cuadro abajo. Para describir el trato de Jesús hacia una persona usen adjetivos como por ejemplo: tierno, amable, cariñoso, sensible, amistoso, comprensivo, paternal, compasivo, cálido, afectuoso, cortés, gentil, respetuoso, reprensivo, sincero, veraz, autoritativo, entre otros.

Pasaje	Persona/s	¿Amigo/s o Contrario/s?	¿Cómo fue el trato que le dio Jesús?
Juan 11:33-44			
Mateo 8:2-4			
Mateo 9:9-13			
Juan 8:2-11			
Lucas 7:37-50			
Mateo15:1-9			

Responda a las siguientes preguntas.

a. ¿Ha sido alguna vez maltrado o menospreciado por otra persona?

b. ¿Alguna vez alguien menospreció sus talentos y su trabajo?

c. ¿De qué manera usted reaccionó?

d. ¿Qué lugar jugó el orgullo en su reacción?

e. ¿Cómo continuó su relación con esa persona, luego de su reacción?

f. ¿Ahora que conoce el ejemplo de Jesús acerca de lo que significa ser manso y humilde, haría algo diferente?

Responda a la siguientes preguntas:

a. ¿Cómo aplicará a partir de hoy en sus relaciones las recomendaciones de los apóstoles Pablo (Efesios 4:26) y Santiago (Santiago 3:17)?

b. ¿Qué necesita ser transformado en su carácter para que su trato hacia otros sea manso y humilde como el de Jesús?

c. Mencione tres cosas que hará a partir de hoy para desarrollar más en su vida la cualidad de la mansedumbre.

Mis notas

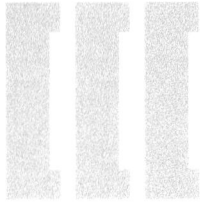

Amor que produce una vida equilibrada
LECCIÓN 11

Objetivos de la lección

Que el alumno...

- **Identifique** los peligros de una vida indisciplinada.
- **Comprenda** que Jesucristo vino para darnos completa libertad sobre el pecado.
- **Proponga** caminos de acción para no caer en la cultura del libertinaje sexual.
- **Escriba** un plan para crecer hacia un equilibrio integral en su vida.

Recursos

- Dos diccionarios de la lengua española (o bien pueden consultar un buscador en internet, en sus celulares).
- Dos imágenes impresas de deportistas conocidos en su país por sus logros y premios o medallas olímpicas. Una debe ser de alguien que se haya mantenido lejos de las drogas y otras adicciones. La otra de un deportista que haya caído en vicios o adicciones y que debido a ello, no pudo continuar con su profesión.
- Doce tarjetas. En unas escribirá sinónimos de templanza: CONTINENCIA, MESURA, AUSTERIDAD, DISCIPLINA, MODERACIÓN, AUTOCONTROL. En otras escribirá antónimos de templanza: DESENFRENO, DISIPACIÓN, INCONTINENCIA, ESCÁNDALO, LIBERTINAJE, DESMADRE. Todas las tarjetas deben mezclarse y ser realizadas en papel y tinta del mismo color.
- Si va a usar la pizarra necesitará una cinta para pegar las imágenes y las tarjetas.
- Confites o mentas para usar como premio (suficientes para todo el grupo).

Para toda virtud cristiana existe la conducta opuesta. Por ejemplo podemos escoger hablar con la verdad o hablar con engaños o mentiras. Podemos elegir perdonar o por el contrario podemos escoger odiar y guardar rencor. Lo mismo ocurre con cada una de las cualidades del amor, que es fruto del Espíritu, y la octava y última cualidad mencionada en Gálatas 5:22-23, no es la excepción.

El término griego *egkrateía*, que estudiaremos en esta lección, es el que Pablo eligió para describir esta cualidad. La mejor traducción de esta palabra para nosotros hoy es dominio propio, autocontrol o templanza. *Egkateía* describe una vida equilibrada, fruto de la obra del Espíritu en la vida de los discípulos y discípulas de Cristo.

Para comprender mejor el significado de esta cualidad del amor vamos a definir e identificar algunas conductas que lo describen y las conductas opuestas.

Coloque las fotos de los deportistas en la pizarra o sobre una mesa grande, separadas la una de la otra. Luego, indique a los alumnos que identifiquen a estas personas. Pida a los alumnos que se dividan en dos grupos y distribuya la mitad de las tarjetas ya mezcladas a cada grupo. Pida a los alumnos que examinen las tarjetas y que consulten en el diccionario para comprender mejor su significado. Luego cada grupo, de manera intercalada, irá colocando una tarjeta, alrededor de uno de los personajes. Explique a la clase que la palabra debe describir la conducta de este deportista. Luego verifiquen juntos si las tarjetas fueron bien ubicadas. Felicite a los alumnos por el trabajo realizado y reparta los caramelos como premio.

Como vimos en esta actividad, los seres humanos con facilidad somos seducidos y esclavizados por los placeres y los deseos. En nuestros días, son muchos los piensan que vivir una vida sin pecado es imposible. Es por eso que aún hay cristianos que se permiten algunos "pecaditos" de vez en cuando. Pero Jesús nos enseñó a orar para tener cada día victoria sobre la tentación:

Pida a un alumno que lea Mateo 6:13, luego pregunte a la clase: ¿Nos pediría el Señor que oremos por algo que es imposible?

Haciendo eco de estas palabras de Jesús, la Iglesia Anglicana enseña a sus miembros a orar con estas palabras: *"Permítenos, oh Señor. Que pueda vivir todo este día sin pecado. Permíteme que no caiga en pecado en todo el día."* En esta lección vamos a estudiar cómo Jesucristo responde a esa oración y hace posible que ganemos la batalla frente a la seducción del pecado.

1. Vivir bajo la tiranía del pecado o vivir en la libertad del Espíritu

Nuevamente la cualidad de la templanza nos pone frente a una decisión personal. El propósito de la venida de Jesús a este mundo fue hacernos libres del dominio del pecado. Como seguidores de Jesús somos responsables de tomar decisiones todo el tiempo, ya que somos sometidos a pruebas y tentaciones cada día. Si escogemos la clase de vida que Dios quiere para sus hjos e hijas debemos tomar en cuenta lo siguiente:

||| Pida a dos alumnos que lean Mateo 5:48 y 1 Pedro 1:15. |||

Dios nos manda a ser perfectos y santos como Él es, pero no nos dice que eso será el resultado de nuestro autodominio, de nuestra fuerza de voluntad o del poder de nuestra razón sobre nuestros instintos y deseos. El Señor es quien hace posible que podamos permanecer en pureza. Él no solo nos limpia de los pecados cometidos y nos llena del Espíritu Santo, sino que también nos ofrece una vida de triunfo constante a los ataques de Satanás.

Pureza y madurez son dos cosas distintas. La pureza, es el resultado de la obra del Espíritu extirpando de nuestra vida todo aquello que ofende la santidad de Dios y nos impide entrar en su santa presencia para tener comunión con Él. Cualquier forma en que el pecado se haya establecido en nuestra vida debe ser limpiada.

Pero la madurez, es el resultado de un proceso de perfeccionamiento obrado por el Espíritu en todas las áreas de nuestra vida. El resultado es una vida equilibrada, una vida santa, a la que también se le conoce como madurez. Esta es la meta de la vida del cristiano.

Pero esta madurez no es instantánea, sino que resulta de un proceso de crecimiento. Es una meta que requiere inversión de nuestra parte. Tiempo, disciplina, oración constante y experiencia de vida, son las herramientas que irán construyendo un carácter maduro en nuestra vida. Si bien, la cualidad de la templanza es obrada por el Espíritu Santo, nada puede hacer sin nuestra completa disposición y colaboración, sometiéndonos a este proceso de ser perfeccionados a la semejanza de Jesucristo.

||| Pida a un alumno que lea Marcos 7: 14-23. |||

Necesitamos la ayuda del Espíritu Santo porque no podemos librarnos solos de las viejas cadenas que tienen amarrados nuestros deseos y nos arrastran hacia lo que es malo. En este pasaje Jesús enumera una lista de malos deseos que se han arraigado en el corazón y que han llegado a dominar nuestra mente: ..."*los malos pensamientos, los adulterios, las fornicaciones, los homicidios, los hurtos, las avaricias, las maldades, el engaño, la lujuria, la envidia, la calumnia, el orgullo y la insensatez.*"

·········o **Pida a los alumnos que completen la actividad 1.**

Como vemos, son muchas las personas que viven bajo la tiranía del pecado. Lo mismo ocurría en los días de Jesús y de la Iglesia Primitiva y, es por eso que el Señor y los apóstoles, una y otra vez advierten sobre las consecuencias terribles para la vida de una persona, familia, iglesia, nación, cuando se vuelven servidores de sus apetitos y deseos desenfrenados.

Para ser libres del control que el pecado ejerce sobre nuestra vida, necesitamos actuar contra la corriente de este mundo. El Espíritu nos ayudará, pero la decisión de vivir en pureza es nuestra.

2. EL DOMINIO PROPIO EN LA VIDA SEXUAL

El sexo es sin ningún lugar a dudas, la más fuerte tentación con que luchan la mayoría de las personas y también los cristianos de todos los tiempos. Algunos padres cristianos piensan que no es correcto que sus hijos se reserven vírgenes hasta el matrimonio, que deberían tener la libertad de disfrutar con sus parejas, sin sentir la culpa que ellos cargaron en su generación por estar pecando delante de Dios. Sumado a esto, hoy tenemos educación sexual en las escuelas, una formación sin valores cristianos, que privilegia los derechos individuales a satisfacer los apetitos, por encima de cualquier consecuencia futura. En muchos de nuestros países, la educación sexual en las escuelas confunde a niños y jóvenes, quienes en su inmadurez sexual y emocional dudan sobre su orientación sexual y son animados a probar diversas experiencias, las cuales les confunden, más que les ayudan, en la construcción de una saludable autoestima e identidad.

Gracias a Dios, la Biblia es bien directa en temas de sexualidad y tengamos por seguro que las normas de Dios no han cambiado. En una ocasión un joven le preguntó a una pastora que significaba fornicación en la Biblia. Ella le explicó que era toda relación sexual fuera del vínculo matrimonial entre un hombre y una mujer. Este joven, que era estudiante en un seminario, le dijo que él no estaba muy de acuerdo con esa definición, que no podía ser que Dios condenara un acto de amor entre dos personas. Como vemos, necesitamos hablar y enseñar más sobre la práctica del sexo en nuestras iglesias, pero desde la visión del Creador.

Dios sabía, antes de darnos sus leyes y mandamientos, la cadena de sufrimiento que trae el dejarse llevar por los deseos sin control. Pero Satanás ha sido proactivo en difudir las más grandes mentiras sobre el sexo y los seres humanos nos hemos convertido en exclavos del deseo.

No cabe duda, de que las costumbres sexuales de la gente han cambiado mucho en las últimas décadas.

Hoy, la cultura está cambiando a pasos acelerados y con ella los valores. En muchos países no se permite enseñar la Biblia en las escuelas, ni siquiera hablar de Jesús. Pero en esos mismos países, se permite repartir Biblias y evangelizar en las cárceles. Sin duda, hay una mano siniestra detrás de todas estas decisiones, cuya intención no es ayudarnos, ni darnos libertad ni hacernos más felices, sino llevarnos por un camino de muerte.

▌▌▌ Pida a los alumnos que lean y comparen Proverbios 16:25 y Proverbios 12: 28. ▌▌▌

La Palabra es muy clara: *"Así ha dicho Jehová: Yo pongo delante de vosotros camino de vida y camino de muerte"* (Jeremías 21:18). La decisión siempre es nuestra, creer a Satanás y sus mentiras respecto al sexo y sobre "todo lo demás" o dejar que el Espíritu Santo nos enseñe a vivir una vida equilibrada.

⬥ ·······························○ Pida a los alumnos que completen la actividad 2.

Como vemos, hay muchos desafíos que tenemos por delante para aprender a disfrutar del placer sexual dentro de los parámetros seguros que Dios ha establecido.

3. ¿CÓMO INICIARNOS EN LA VIDA EQUILIBRADA?

Hay tres disciplinas que debemos practicar para iniciarnos en una vida de dominio propio.

||| Pida a los alumnos que vean la gráfica en la actividad 3: Disciplinas para el dominio propio, mientras va desarrollando este punto de la lección. |||

a. Suprimir los impulsos pecaminosos

Los impulsos pecaminosos son los enemigos de la vida de santidad, ya que nos arrastran a continuar con las antiguas maneras de pensar, de manejar las emociones, de hablar y de actuar. Cuando nacemos de nuevo a la vida en el Espíritu y luego somos llenos del Espíritu Santo, somos limpiados de la naturaleza pecaminosa, pero aún permanecen esos impulsos, resabios de nuestra pasada manera de vivir lejos de Cristo.

Estas tendencias están arraigadas en nosotros, ya que las hemos adquirido de nuestra familia, de la sociedad y de nuestras propias experiencias de vida. Si no las controlamos, con la ayuda del Espíritu Santo, debilitarán nuestra resistencia a la tentación. Isaías nos advierte: *"Lavaos y limpiaos, quitad la iniquidad de vuestras obras de delante de mis ojos, dejad de hacer lo malo."*

Veamos algunos ejemplos de estas tendencias que debemos suprimir: hablar de manera grosera, intolerancia, impaciencia, difundir chismes, juzgar al prójimo, entrometerse con mala intención y malsana curiosidad en los asuntos de otros, menospreciarse a sí mismo (baja autoestima), evadir las responsabilidades, endeudarse por derrochar el dinero, comer de más o comer de manera que descuidamos nuestra salud, pereza y sedentarismo, malgastar el tiempo y la energía mental y física en actividades que no nos brindan salud, entre otras.

b. Planear maneras de actuar diferente

La vida cristiana es una vida nueva en la que tenemos que aprender a hacer las cosas de manera diferente, a la manera del reino de Dios. El fruto del amor y sus cualidades nos ayudarán a encontrar nuevos caminos para nuestra manera de pensar, sentir y actuar. Para ello necesitamos planear estrategias con anticipación, a fin de ser capaces de resistir esos malos impulsos.

Por ejemplo, si antes nos molestaba y llenaba de ansiedad cuando había mucho tráfico, podemos planear aprovechar ese tiempo con alguna tarea útil, como orar, alabar a Dios con música, escuchar la Biblia en audio, grabar una lista de cosas para hacer, etc. Si antes éramos muy negativos y críticos para juzgar a otros, necesitaremos planear una manera de pensar diferente sobre las personas, por ejemplo, descubrir cinco virtudes de cada persona que conozco o decir algo bonito a la persona que saludo cada día, como: "¡Qué hermoso día nos regaló el Señor!" o "¡Me encanta ese suéter que traes hoy!" o "¡Qué rico te quedó el pastel!".

Transformar los hábitos lleva tiempo, pero lo importante es mantenernos firmes en la decisión de cambiar, tenernos paciencia mientras vamos progresando y apreciar nuestros logros. Estos cambios serán observados por quienes nos conocen y ellos podrán reconocer la manera maravillosa en que Dios está transformando nuestro carácter.

c. Equilibrar todas las áreas de mi vida

Como vimos, la templanza en la vida del cristiano no es solo para el área sexual sino para todas las áreas de la vida. Algunos de nosotros hemos sido influenciados por una cultura de gente apasionada y esa misma pasión lleva a muchos al fanatismo. Este fanatismo se puede ver en los deportes, en la admiración por personas famosas, en la defensa de una ideología política o de una religión, etc. Hemos visto como el fanatismo llega a provocar conductas violentas y obsesivas. Las personas que se dejan llevar por su pasión y fanatismo pierden el control de sí mismas, se dañan a sí mismas y a los demás. Los cristianos y cristianas necesitamos renunciar a cualquier clase de fanatismo que practicábamos en nuestra vida anterior.

Otra área en la que necesitamos aprender a disciplinarnos es en el uso del tiempo. El cristiano debe hallar un tiempo para su relación personal con Dios, su servicio cristiano, atender sus responsabilidades, cuidar de sí mismo y de su familia, sin descuidar ninguno de ellos.

El área de las finanzas es otra muy importante, ya que un desequilibrio en nuestra economía desestabilizará otras áreas de nuestra vida. Para aprender a administrar los bienes con responsabilidad necesitamos resistir a la cultura consumista y del endeudamiento que nos rodea. Seguir el consejo de Juan Wesley nos será de mucha ayuda: Gana todo lo que puedas, ahorra todo lo que puedas y da todo lo que puedas.

Por útlimo, un área que hace tropezar a muchos cristianos es dejar que los problemas les amarguen y les conviertan en personas resentidas y negativas. No podemos evitar tener conflictos o desacuerdos con otras personas. Tampoco podemos controlar la forma en que otras personas piensan, sienten y actúan. Pero lo que sí podemos hacer es enfrentar esas situaciones con la ayuda del Espíritu Santo. Habrá conflictos que no podremos "arreglar" y, en esos casos, en lugar de endurecer nuestro corazón, encomendemos a esas personas al Señor y pongámonos en sus manos para ser constructores de paz.

○ **Pida a los alumnos que completen la actividad 4.**

Definición de términos claves

- **Dominio propio:** Es el control que la persona ejerce por medio de la voluntad y la razón sobre los apetitos y pensamientos, que le llevan a reaccionar y actuar de manera impulsiva. El dominio propio permite realizar una buena administración de todas las áreas de la vida, como uso del tiempo, manejo de las emociones, mayordomía financiera, salud, manejo de las relaciones, entre otras. Sinónimos de dominio propio son: autodominio, autocontrol, dominio de sí mismo, entre otros.

- **Fanatismo:** Pasión y tenacidad desmedida y hasta sin control para actuar en defensa de creencias u opiniones, especialmente en el deporte, la religión y la política.

- **Insensatez:** Falta de buen juicio o de prudencia o madurez que se refleja en la forma de hablar y actuar. En la Biblia se le llama también necio o tonto. La persona insensata desprecia los consejos de los sabios o personas con mayor experiencia y actúa de manera caprichosa, guiado por sus pasiones y buscando una gratificación instantánea de los deseos, sin hacerse responsable por las consecuencias de sus actos.

- **Libertinaje:** Entregarse sin freno al disfrute de los placeres. Mayormente se usa para referirse a los placeres sexuales, pero también puede aplicarse a otros vicios como el alcohol, drogas, violencia, entre otros. Sinónimos de libertinaje son: desenfreno, disipación, incontinencia, escándalo, intemperancia, desmadre y otros.

- **Templanza:** Hacer las cosas con moderación. Administrar con sabiduría las diferentes áreas de la vida como: finanzas, tiempo, relaciones, salud, talentos, etc. Sinónimos de templanza son: continencia, mesura, austeridad, moderación, dominio propio, entre otros.

Resumen

La última cualidad del fruto del amor es templanza. La Palabra nos enseña que la vida del cristiano es una de triunfo sobre la tentación, deseos y pensamientos pecaminosos. Todo discípulo y discípula del Señor debe aprender a someter los impulsos pecaminosos que le encadenan. Para ello necesitamos planear estrategias para conducirnos de manera diferente, en nuestra manera de sentir, pensar, hablar y actuar, a fin de reflejar el amor de Dios a quienes nos rodean. Para el cristiano y la cristiana, lograr equilibrio en las diferentes áreas de su vida es una tarea permanente de aprendizaje y práctica de disciplinas, que irán dando frutos para la gloria de Dios.

Hoja de Actividades

ACTIVIDAD 1

Actividad para completar en parejas o en grupos de 3 personas. En el cuadro de abajo se escribieron en la columna del centro los malos pensamientos mencionados por Jesús en Marcos 7:21-22. En la columna de la izquierda, se incluyó una lista de los malos deseos que se esconden detrás de esos pecados. Escriban en la columna de la derecha, ejemplos de acciones pecaminosas que resultan de esos malos deseos y pensamientos pecaminosos y que son comunes en la gente de la comunidad.

Deseo que impulsa a hacer lo malo	Pensamiento pecaminoso	Conducta resultante, el pecado llevado a la práctica
Rencor, resentimiento	malos pensamientos	
Deseo de disfrutar del placer sexual sin limitaciones	los adulterios	
	las fornicaciones	
	la lujuria	
Deseo de dañar a otro	los homicidios	
	la calumnia	
	las maldades	
Deseo de controlar a otros, dominar a otros	el engaño	
	el orgullo	
Desear lo que otro tiene	los hurtos	
	la envidia	
	las avaricias	
Deseo de hacer lo que "quiero", lo que me da placer, menospreciando la sabiduría de otros.	la insensatez	

ACTIVIDAD 2
Formen tres grupos y responda cada grupo a dos de las preguntas de esta actividad. Luego compartan sus respuestas con el resto de la clase.

a. ¿Demorar la edad para casarse (la mayoría después de los 24 años) y mantener noviazgos por muchos años ayuda a los jóvenes a resistir la tentación en cuanto al sexo? ¿Qué consejo le daría usted a un joven cristiano en esta situación?

b. La edad para comenzar a tener relaciones sexuales ha disminuído. Muchos de los adolescentes entre los 14 y 19 años ya han tenido experiencias sexuales ¿Qué podemos hacer como padres e iglesia para ayudar a los adolescentes cristianos a esperar hasta el matrimonio?

c. Los embarazos de niñas y adolescentes aumentan año con año, con graves consecuencias para la mujer, el niño, su familia y la sociedad. ¿Cómo podemos ayudar a nuestras hijas a practicar el autocontrol de sus deseos sexuales?

d. En muchos países se está profundizando la lucha por los derechos de la mujer a abortar, sin ser penalizada por la ley. Cuando se aprueban estas leyes, los médicos que trabajan para el sistema de salud del gobierno, no pueden negarse a hacer estos procedimientos ¿Cómo podemos ayudar a detener este asesinato masivo de bebés inocentes? ¿Qué puede hacer un médico cristiano frente a esta disyuntiva?

e. ¿Cómo creen que se debería abordar el tema del peligro de la pornografía con los grupos de jóvenes, mujeres y hombres cristianos?

f. ¿Cómo podemos proteger a nuestros niños de la malintencionada ideología de género que confunde sus mentes y sus identidades en formación?

ACTIVIDAD 3
Gráfico: Disciplinas para el dominio propio.

Suprimir los impulsos pecaminosos ➡ **Planear maneras de actuar diferente** ➡ **Equilibrar todas las áreas de mi vida**

ACTIVIDAD 4
Para poner metas para su crecimiento hacia una vida madura y equilibrada, siga las instrucciones que se incluyen abajo.

a. Identifique uno o dos impulsos pecaminosos que necesita suprimir en su vida. Tome un minuto para orar y pedir al Espíritu que guíe sus pensamientos antes de escribir.

b. Tome un momento para recordar cómo ha sido su manera de actuar cuando esos impulsos le dominan. Luego escriba la estrategia que usará en cada caso, para actuar de manera diferente, una manera que exprese el santo amor de Dios actuando en su vida. Antes de escribir, pida Dios sabiduría práctica.

c. Tome un tiempo para revisar su vida con la ayuda del Espíritu ¿Hay áreas que están desordenadas? ¿Hay fanatismo que prevalece en su vida? ¿Hay áreas en las que hace falta más equilibrio?

d. ¿Qué ideas trae a su mente el Espíritu Santo en cuanto a lo que debe hacer para disciplinarse más en esas áreas? Escriba metas para poner en práctica desde hoy mismo.

Mis notas

El fruto del Espíritu en la Iglesia

Objetivos de la lección

Que el alumno...

- **Comprenda** que la desunión en la iglesia es un mal que se necesita combatir.
- **Aprenda** a valorar su vida y amarse a sí mismo de manera equilibrada.
- **Tome el compromiso** de demostrar su amor a Dios, mediante el servicio a otros.
- **Reflexione** sobre la imposiblidad de practicar *koinonía* en el pueblo de Dios sin el fruto del Espíritu.

Recursos

- Escoja una de estas opciones según sus posiblidades:

  Un rompecabezas de piezas grandes. Como para niños pequeños.

  Un juego de piezas tipo Lego de diferentes colores, formas y tamaños.

Uno de los desafíos que la Iglesia ha enfrentado a través de su historia es mantener la unidad. En América Latina con frecuencia vemos como iglesias cristianas se separan en dos congregaciones por desacuerdos entre las personas. Esta falta de armonía entre hermanos es un pésimo testimonio al mundo que nos observa.

La unidad entre los miembros de una iglesia local no ocurrirá por milagro, ni por arte de magia, la unidad se debe cultivar, se debe trabajar de manera constante. ¿Pero por qué nos resulta tan difícil estar unidos a los hijos de Dios?

Proponga a los alumnos armar el rompecabezas o armar un edificio con el juego de Lego. Luego al terminar pregunte a la clase: ¿Son iguales las piezas que hemos usado? ¿En qué sentido podemos ver su diversidad? ¿Qué podemos aprender de esta actividad con respecto a la diversidad y unidad de los miembros de la iglesia?

En América Latina los cristianos evangélicos hemos crecido mucho en los últimos años, llegando a un promedio del 20 por ciento de la población general de la región. La Iglesia Católica ha perdido el monopolio que mantuvo por más de 500 años desde la conquista española. Hoy, hay más jóvenes hispanos afiliados a las Iglesias Evangelicas que a la Iglesia Católica Romana.

Los evangélicos nos hemos convertido en una fuerza social importante, superando en varios países el 40 por ciento de la población (Guatemala, Honduras, Nicaragua). Este crecimiento nos ha permitido alcanzar posiciones de liderazgo en la legislatura y otras áreas del espacio público, llegando a ostentar altos niveles de autoridad política en algunos países. Pero en medio de todos estos logros, aún persisten entre nosotros las divisiones.

Grandes problemas nos desafían en nuestras comunidades, países y regiones. Para ser agentes de bendición en nuestro mundo tenemos que unir nuestras voces y levantar un frente común a los males que asedian a nuestros pueblos. Necesitamos como Iglesia retomar el camino de la unidad y aprender a vivir y servir al mundo en el fruto del Espíritu.

En esta lección, vamos a estudiar cómo se construye la unidad en el Pueblo de Dios y cómo poner en práctica el fruto del Espíritu en nuestro servicio al mundo.

1. EL FRUTO Y LA UNIDAD DE LA IGLESIA

Una de las características más importantes de la unidad de la Iglesia que se menciona en el Nuevo Testamento es el compañerismo entre sus miembros o *koinonía*. El término griego *koinonía* es muy usado por Pablo en sus cartas, refiriéndose a que los cristianos debemos vivir en comunión los unos con los otros. *Koinonía* describe un sentimiento profundo de amor fraternal, uno que integra a hermanos y hermanas en la fe de Jesús. Este amor es el lazo espiritual que une a los miembros de la iglesia.

▌▌▌ Pida a un alumno que lea Romanos 5:5 y pregunte a la clase: ¿De dónde proviene el amor que une a los miembros de una iglesia? ▌▌▌

Este es un amor que viene de Dios, es un regalo de Dios para su iglesia, su familia. Este amor debe estar presente en todas las relaciones entre los miembros de la iglesia. Es amor *ágape*, un amor sin egoísmos, que por su naturaleza se irradia a otros. Podemos afirmar que una iglesia sin amor entre sus miembros, no es una iglesia nacida del Espíritu, porque el Espíritu Santo es amor y no hay otra manera de vivir en el Espíritu, que no sea una vida llena de las cualidades del amor de Dios.

▌▌▌ Pida a los alumnos que observen el cuadro de la actividad 1. ▌▌▌

En el cuadro siguiente, se observan del lado izquierdo las maneras en que los cristianos llenos del Espíritu Santo se relacionan los unos con los otros. Una iglesia así valora el compañerismo, integra a los nuevos creyentes y resuelve sus diferencias y conflictos de una manera positiva. Los creyentes cultivan relaciones de amistad, se sostienen y animan los unos a los otros.

El lado derecho del cuadro, representa la forma en que se relacionan las personas en una iglesia cuando son controladas por el egoísmo. Los miembros de esta iglesia necesitan ser llenos del fruto del Espíritu, condición para ser verdaderos hijos e hijas de Dios y para aprender a vivir y servir a Dios en unidad.

Amor Santo	Egoísmo
Comprensión	Intolerancia
Sinceridad	Hipocresía
Confianza	Desconfianza
Vulnerabilidad	A la defensiva
Perdonar	Odiar
Dadivoso	Avaro
Escucha activa	Desinterés en los demás
Buen humor, positivo	Amargado, negativo
Esperanza	Desesperanza

○ Pida a los alumnos que competen la actividad 2.

2. EL FRUTO Y LOS ENEMIGOS DE LA UNIDAD DE LA IGLESIA

Una iglesia dividida es manipulada fácilmente por Satanás. Para construir unidad hay que desechar el orgullo y poner el fruto del Espíritu en acción en nuestra comunidad de fe ¿Cómo lo hacemos? Podemos resumir este proceso en tres pasos:

Como vemos en la gráfica, el primer paso para ser constructores de unidad, es pedirle a Dios que nos llene del Espíritu Santo, para que todas las cualidades del amor de Dios se desarrollen en nuestra vida. Como vimos en las lecciones pasadas, si nosotros colaboramos con el Espíritu, podremos ver la transformación progresiva de nuestra manera de pensar, sentir, hablar y actuar, conforme al modelo de Jesús.

[[[Pida a un alumno que lea Romanos 12:1-8.]]]

En los versículos 1 y 2 de Romanos 12, el apóstol Pablo describe esta experiencia de completa rendición que permite que nuestra vida de un giro completo, para llenarnos del amor de Dios y vivir en santidad de acuerdo a su voluntad. En el versículo 3, dice que mientras esta transformación ocurre, debe haber un cambio en la forma en que pensamos acerca de nosotros mismos. Pablo habla de tener un concepto equilibrado del valor de nuestra vida.

La sociedad que nos rodea no nos enseña a amarnos a nosotros mismos de manera equilibrada. En la Edad Media, se popularizó la teología del dolor, que enseñaba que el camino hacia la perfección cristiana se lograba solo a través del sacrificio extremo y la búsqueda de la humillación. Se llegó a pensar que el amor a uno mismo era pecado. Se consideraba que no había nada de bueno en el ser humano, debido al pecado original que habitaba en su carne. En monasterios y conventos eran comunes la autoflagelación y los castigos corporales de unos a los otros mientras oraban. También, los llamados "flagelantes" recorrían las ciudades haciendo estas demostraciones en público.

Todavía en nuestros días hay cristianos que practican peregrinaciones, ayunos estrictos, dormir en el suelo y otras penitencias, con el propósito de mortificar al cuerpo, alcanzar la humildad y someter las pasiones pecaminosas de la carne. Se cree equivocadamente que estas prácticas fortalecen el espíritu humano y le acercan más al Cristo sufriente y que la vida de santidad solo es posible por medio de una vida de sufrimiento.

Pero no hay base bíblica para estas conductas autodestructivas, sino todo lo contrario. En el Antiguo Testamento, especialmente en el Pentateuco, encontramos muchas enseñanzas de Dios a su pueblo, sobre llevar una dieta y hábitos saludables. Jesús practicaba hábitos beneficiosos para la salud, como el ejercicio y el ayuno.

···o **Pida a los estudiantes que completen la actividad 3.**

Amarnos a nosotros mismos de manera equilibrada, significa proveer a nuestro cuerpo, mente y espíritu de las condiciones y el sustento necesarios para una vida saludable. Es por eso, que debemos corregir cualquiera de los extremos en que hayamos caído.

Por un lado, tenemos a las personas que tratan a su cuerpo como si fuera un bote de basura. Muchas personas, aun cristianos, no saben amarse a sí mismos y lo que es peor, se odian. No se tratan bien, no guardan una buena higiene, no se alimentan bien, no hacen suficiente ejercicio, no van al médico para hacer chequeos, no alimentan su mente con pensamientos saludables, descuidan su salud emocional y espiritual. En el otro extremo, encontramos a los que cuidan excesivamente de sí mismos, de tal manera que el hacerlo se vuelve una obsesión y una ocupación que absorbe todas sus energías y no les queda tiempo para servir a Dios y a otros. En este grupo, encontramos los que se preocupan en demasía por cuidar de su apariencia, pero descuidan otras áreas importantes, como la vida emocional y espiritual, sin las cuales no pueden tener una salud integral equilibrada. El descuido de cualquier área de nuestro ser es una mala mayordomía. El cuidado excesivo de nuestro cuerpo es idolatría, equivale a rendir culto a nuestra imagen.

El sacerdote y psicólogo Jean Monbourquette dice que la pregunta frecuente que las personas se hacen en la consulta psicológica es: "¿Soy suficientemente digna de ser amada?" Es decir, el amor a nosotros mismos depende de la forma en que nos vemos y valoramos, en otras palabras, si sentimos que somos merecedores de ser amados de manera incondicional.

La mayor experiencia de amor que una persona experimenta en esta vida es cuando descubre que Dios, su Creador, le ama de manera incondicional. Cuando tomamos conciencia de lo valiosa que es nuestra vida para Dios, comenzamos a vernos con otros ojos ¡Es una experiencia que nos transforma por completo!

Deseamos ser inundados más y más por este amor, que satisface esa sed profunda de aceptación que hay en cada uno de nosotros. En esta nueva relación con el Padre, aprendemos a abrirnos más y más a ese amor, que va penetrando en todas las fibras de nuestro ser, sanando las heridas que dejaron nuestras experiencias del pasado. Este amor nos enseña a hacer las paces con nuestro pasado y perdonarnos por todos los errores que cometimos.

··○ **Pida a los alumnos que completen la actividad 4.**

No es posible construir unidad en la iglesia sin la experiencia personal de este amor incondicional. Una persona que no se ama y valora a sí misma, es incapaz de amar y valorar a los demás. Una imagen sana de uno mismo es imprescindible para construir relaciones sanas con las demás personas. Es por eso, que podríamos decir, que el mayor enemigo de la unidad en la iglesia es una persona que no se ama de manera equilibrada. El amor de Dios nos sana de la baja autoestima y también del egocentrismo, orgullo e individualismo. Experimentar el amor sanador del Señor es imprescindible para cultivar relaciones de armonía con otras personas. Solo cuando este amor lleno de gracia inunda como un río nuestro ser, es que somos capaces de aprender a amarnos a nosotros mismos y a otros con el amor santo de Dios.

3. El fruto y el servicio

En el punto anterior, vimos que cuando experimentamos el amor de Dios aprendemos a valorarnos a nosotros mismos y a cuidarnos. Este amor nos afirma, nos llena de propósito y de energía para amar a otros. Por el contrario, cuando nos desvalorizamos, cuando tenemos una imagen pobre de nosotros mismos, nuestros dones y habilidades para el servicio serán desaprovechados. Por otro lado, es igualmente peligrosa una actitud de orgullo y soberbia, de creernos más que los demás.

··○ **Pida a los alumnos que completen la actividad 5.**

El apóstol Pablo en Efesios 2:19-22, compara a la Iglesia con un edificio. Jesucristo es quien brinda soporte a toda la estructura y sus cimientos son los apóstoles y profetas. Las paredes de los pisos inferiores han sido construidas con las vidas y el servicio de los cristianos que nos precedieron. La obra de construcción de este edificio nunca termina, aunque con el paso del tiempo los materiales de construcción pueden cambiar, así como también las técnicas de construcción, las especialidades y destrezas de los trabajadores.

⦙⦙⦙ Pida a un alumno que lea Efesios 2:19-22. ⦙⦙⦙

Cuando el apóstol habla de "templo", no se refiere al edificio físico donde nos reunimos a adorar, sino a la vida de todos aquellos que componen una congregación local. Pablo nos advierte que para que una iglesia sea un templo santo al Señor, cada ladrillo que se inserta debe estar lleno del fruto del Espíritu Santo, solo así podrá encajar bien en la estructura y dar soporte a las nuevas piezas que se añadirán en el futuro. En la medida en que el Espíritu Santo habite en cada niño, joven, adulto y anciano de la iglesia, ella será "morada de Dios en el Espíritu". Podemos ver entonces, dos requisitos indispensables para todos aquellos que participamos en la construcción de la iglesia: ser llenos del Espíritu Santo y trabajar coordinadamente con otros.

Hay cristianos que están confundidos acerca de lo que Dios espera de ellos. Se engañan al pensar que llevar una vida de pureza, asistir a la iglesia y contribuir con sus diezmos y ofrendas es suficiente. Los cristianos así abrazan la fe de manera egoísta. Atesoran todas las obras maravillosas que Dios ha hecho en su vida, pero no aman suficientemente a otros, como para entregarles una parte de sus vidas. Podríamos llamarles cristianos pasivos o cristianos desinteresados por los demás. A estos se refería el apóstol Santiago en su carta:

⦙⦙⦙ Pida a un alumno que lea Santiago 2:17. ⦙⦙⦙

Para Santiago, era claro que la fe que no se manifiesta en obras de amor hacia otros es una fe hueca, una fe que no nos ayuda a crecer en santidad. Esta fe no es fruto del Espíritu. Cuando un cristiano experimenta la llenura del Espíritu en su vida, el amor de Dios inunda su ser y desea compartir ese amor con otros. El apóstol Pedro, estaba confundido también sobre el tipo de compromiso que Jesús esperaba de él.

⦙⦙⦙ Lean San Juan 21:15-19. Luego pregunte a la clase: ¿Cuántas veces le preguntó Jesús a Pedro si le amaba? ⦙⦙⦙

En los versículos 18-19 Jesús le dice: *"De veras te aseguro que cuando eras más joven te vestías tú mismo e ibas adonde querías; pero, cuando seas viejo, extenderás las manos y otro te vestirá y te llevará adonde no quieras ir. Esto dijo Jesús para dar a entender la clase de muerte con que Pedro glorificaría a Dios. Después de eso añadió: —¡Sígueme!"* En otras palabras Jesús le dice: ¡Pedro ya es tiempo que me dejes dirigirte. Entrégame el control de tu vida! El tiempo de irresponsabilidad de Pedro había llegado a su fin. El necesitaba comenzar a ser responsable por otros, necesitaba madurar.

No basta con decirle a Dios con nuestras palabras cuanto le amamos, Dios quiere ver nuestra vida entregada a Él, sirviendo en su obra. Jesús le dijo a Pedro que debía demostrar su amor sirviendo a otros en sus necesidades, especialmente a los nuevos en la fe. Pedro necesitaba dar otro paso de fe, hacer un compromiso firme con una vida de servicio.

Sin embargo el ministerio de Pedro solo inició el día de Pentecostés, cuando fue lleno del Espíritu Santo (Hechos 2). Fue a partir de allí, que abrazó la Gran Comisión de hacer discípulos en las naciones. Lo que fuera que le había frenado antes, fue hecho a un lado. Al ser lleno del Espíritu, Pedro pudo al fin demostrar que su amor por su Señor era profundo y verdadero. El trabajo que le esperaba a Pedro era difícil, imposible de realizar sin el fruto del Espíritu. Su llamado consistía en pastorear, es decir, cuidar, exhortar, guiar, acompañar y caminar junto a los nuevos discípulos. Sabemos por la historia, que Pedro fue un gran maestro que recorría las iglesias transmitiéndoles las enseñanzas que había recibido de Jesús.

Todo el que sirve en un ministerio para Dios necesita ser lleno del Espíritu Santo. Dedicaremos la próxima lección a ampliar este tema.

Definición de términos claves

- **Autoflagelación:** Acto de lastimarse a uno mismo.

- **Flagelación:** Forma de castigo corporal en la que suelen usarse flagelos (látigos, cuerdas, correas, etc). Consiste en golpear fuertemente la piel hasta destrozarla y hacerla sangrar.

- **Koinonía:** Palabra griega usada en el Nuevo Testamento para describir las relaciones de amor fraternal y el compañerismo o comunión entre los miembros de la iglesia.

- **Penitencia:** Uno de los sacramentos de la Iglesia Católica Romana que consiste en cumplir ciertos actos impuestos por el sacerdote después de la confesión de pecados. Las Iglesias Protestantes no practican este sacramento ya que la Biblia enseña que el perdón de pecados es un don gratuito de Dios (Efesios 2:8-9).

- **Peregrinaciones:** Viaje que tiene por destino un lugar de importancia para la fe del creyente (santuario, templo, tumba, entre otros). Por lo general se hace por medio de caminatas que exigen un extremado esfuerzo físico. El propósito de este sacrificio puede variar entre expiar algún pecado, alcanzar gracia delante de Dios para conseguir algún favor o agradecer por alguna petición concedida por la divinidad. Se practica por algunos miembros de la Iglesia Católica Romana y otras religiones, pero no por las iglesias evangélicas.

Resumen

En todos los tiempos, mantener la unidad en la iglesia ha sido un reto y un desafío. La *koinonía* o compañerismo entre los miembros de la familia de Dios, solo puede ser posible por la obra del Espíritu Santo y su don de amor para cada uno de sus miembros. Un equilibrado concepto de sí mismo es imprescindible para aprender a amar a otros, pero muchas personas tienen una idea distorsionada del valor de su vida. Solo cuando comprendemos el amor incondicional del Creador hacia nosotros y abrimos nuestra vida a ese amor, es que aprendemos a vernos y valorarnos, de la misma manera que Dios lo hace. A partir de esta experiencia, que es sanadora y transformadora, podemos expresar nuestro amor a otros y derramar nuestra vida al servicio de Dios y de los demás sin egoísmos.

Hoja de Actividades

ACTIVIDAD 1
Cuadro comparativo.

Iglesia llena del Espíritu	Iglesia llena de egoísmo
Comprensión	Intolerancia
Sinceridad	Hipocresía
Confianza	Desconfianza
Vulnerabilidad	A la defensiva
Perdonar	Odiar
Dadivoso	Avaro
Escucha activa	Desinterés en los demás
Buen humor, positivo	Amargado, negativo
Esperanza	Desesperanza

ACTIVIDAD 2
Evalúen en grupos de 3 a 4 integrantes el compañerismo que hay actualmente entre los miembros de su congregación. Marquen aquellas características que observan en su iglesia, las positivas y las negativas. Luego respondan a las siguienes preguntas.

a. Observen las características negativas que han marcado ¿Cómo pueden estas manifestaciones del orgullo personal dañar la unidad de nuestra iglesia si no las corregimos?

b. Observen las características positivas que han encontrado ¿Cómo pueden estas fortalezas que tenemos en nuestras relaciones interpersonales ayudarnos a superar los aspectos negativos que hemos encontrado?

c. ¿Hay personas de nuestra congregación que todavía están luchando con el problema del orgullo? ¿Cómo podemos ayudarles para que puedan recibir la llenura del fruto del Espíritu y aprender a relacionarse en amor con sus hermanos?

ACTIVIDAD 3
Respondan en grupos de uno a tres integrantes.

a. Mencione algunas costumbres religiosas que practica la gente en su contexto con el propósito de ganar el perdón o el favor de Dios por medio del sacrificio personal y el martirio del cuerpo.

_____

b. Mencione algunos ejemplos de cómo podemos proveer a nuestro cuerpo, mente y espíritu de las condiciones y el sustento necesarios para un saludable desarrollo.

_____

ACTIVIDAD 4

En grupos de dos a tres personas completen las siguientes oraciones, buscando en la Biblia algunos pasajes que nos enseñan lo especiales, únicos y amados que somos para Dios.

- Nuestro ser integral es una _____ especial de Dios. Dios no _____ basura (Génesis 1:27 y 5:2).

- Fuimos hechos poco menor que los _____ (Salmos 8:5a)

- Fuimos _____ de su gloria (Efesios 1:5-6 y Salmos 8:5b).

- Nos dio la capacidad de _____ (Salmos 8:6-8).

- Nuestro cuerpo es _____ del Espíritu Santo de Dios que habita en nosotros. Es parte de nuestra adoración a Dios proveerle un lugar limpio y agradable donde habitar (1 Corintios 6:19).

- Dios mostró su amor por nosotros en que siendo aún pecadores _____ (Romanos 5:8).

- Nada nos podrá _____ del amor de Dios (Romanos 8:35 y 39).

ACTIVIDAD 5

En grupos de 2 o 3 personas respondan las siguientes preguntas.

a. ¿Cuál es la relación entre el cuidado de nuestra salud y el servicio que brindamos a Dios y a nuestros prójimos?

_____

b. ¿En qué manera el descuido de la salud impide que el fruto del Espíritu se desarrolle en nuestra vida y sea de bendición a otros?

_____

c. ¿Cómo afecta el descuido de mi salud integral a mi testimonio?

_____

d. ¿Hay algún área en que necesito comenzar a cuidarme mejor a partir de hoy para ser un instrumento más útil en la obra del Señor? Escriba sus metas para comenzar esta semana.

_____

Mis notas

El ejercicio de los dones y el fruto del Espíritu
LECCIÓN 13

Objetivos de la lección

Que el alumno...

- **Identifique** sus ideas equivocadas acerca de los dones.
- **Comprenda** que los dones son temporales, pero el fruto del Espíritu es para siempre.
- **Reflexione** sobre los peligros que implica para la iglesia la práctica de los dones sin amor.
- **Se comprometa** al servir a otros en amor, integrándose a los ministerios de la iglesia.

Recursos

- Unas 5 velas (candelas) pequeñas (si son de colores variados mejor) y una vela grande y alta.
- Fósforos o un encendedor.
- Una bandeja o plato grande para apoyar las velas y evitar que manchen la mesa. Las velas se colocan en la bandeja, puede estar la más grande al centro y las pequeñas alrededor, o en un lado la vela grande y en el otro las pequeñas.

Introducción

Pablo se encontraba fundando la iglesia en Efeso (aproximadamente por el año 52 d.C), cuando recibió a un grupo de hermanos de la iglesia en Corinto, cuyos nombres eran Estéfanas, Fortunato y Acaico (1 Corintios 16:17). Ellos vinieron a informarle de algunos problemas que estaban causando desorden en su congregación. Uno de estos problemas era la competencia que había entre ellos por el uso de los dones y la confusión que tenían acerca de su origen y propósito. Es entonces que Pablo escribe su carta de 1 Corintios.

Todavía hay quienes confunden los dones del Espíritu con el fruto del Espíritu. Si bien es cierto que ambos son regalos que recibimos, por gracia de parte de Dios, no debemos confundir el uno con el otro. Es por eso que completaremos este estudio sobre el Fruto del Espíritu, estudiando cómo se relacionan las cualidades del amor con el ejercicio de los dones.

||| Pida a los alumnos que completen la actividad 1 donde podrán evaluar cuanto saben acerca de los dones. |||

Estudio Bíblico

1. Origen y propósito de los dones

La palabra griega para don es *carisma* y para dones es *carismata*. En su sentido original esta palabra significa: regalo de la gracia de Dios. En la Biblia se usa para señalar unas capacidades especiales que el Espíritu da a cada discípulo y discípula del Señor, para usarlas en su servicio a Dios.

Veamos qué enseña Pablo sobre el origen y el propósito de estos dones o carismas que reparte el Espíritu:

||| Lean juntos 1 Corintios 12:1-11. |||

En este capítulo 12, Pablo comienza aclarando el origen y propósito de los dones espirituales que habían recibido los hermanos de la iglesia en Corinto. Veamos:

Son dones "espirituales"

Algunas personas se confunden al pensar que los dones espirituales son habilidades naturales o que la persona trae en su ADN, pero los dones no son habilidades con las que nacemos. Tampoco son el producto de la inteligencia personal, educación, esfuerzo personal o de la experiencia ganada a lo largo de la vida.

Los dones provienen de Dios. En la siguiente gráfica, podemos ver el compromiso de la trinidad (versículos 4 a 7), cada uno cumpliendo su rol para proveer a la iglesia de las herramientas para la misión.

||| Dibuje el gráfico en la pizarra. |||

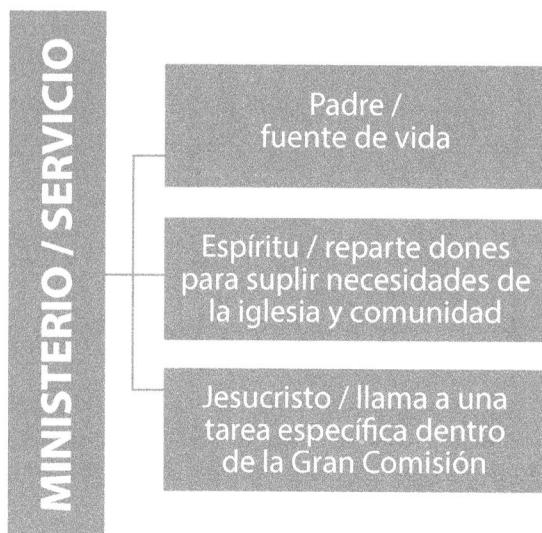

MINISTERIO / SERVICIO

- Padre / fuente de vida
- Espíritu / reparte dones para suplir necesidades de la iglesia y comunidad
- Jesucristo / llama a una tarea específica dentro de la Gran Comisión

También, es verdad que los dones aprovechan y encausan todo lo que nosotros somos para nuestro ministerio. Por ejemplo, pensemos en una persona que ha estudiado técnicas de comunicación, posee un amplio vocabulario, conoce de métodos de educación y ha estudiado oratoria. Luego, al convertirse, recibe el don de profecía (predicación y enseñanza). Sus estudios y experiencia anterior enriquecerán su ministerio, pero nada de aquello le dará la pasión, el poder de persuasión, la inspiración y el carisma especial que vienen del Espíritu Santo y que hacen que ese don sea eficaz para transformar las vidas de los oyentes.

Son vehículos para que fluya el amor de Dios

En la Iglesia de Corinto, las personas usaban los dones con la intención de obtener fama, de ser reconocidos, de ganar prestigio, respeto, autoridad y posición dentro de la iglesia ¿No ocurre lo mismo en algunas las iglesias cristianas hoy?

En el versículo 7, Pablo afirma que los dones son *"manifestaciones del Espíritu para provecho mutuo"* (1 Corintios 12:7). Es decir, los dones son para beneficiar a otros, para satisfacer las necesidades de otros, comenzando con nuestros hermanos en la familia de la fe. Las necesidades de las personas son muy variadas. Hay necesidades de salud o materiales, pero también las hay de discipulado, de consejo, de guía.

Cuando somos obedientes, el Espíritu satisface todas las necesidades de su pueblo.

No obstante, en las iglesias contemporáneas, la mayoría de la congregación no se involucra en los ministerios de la iglesia. Las estadísticas nos dicen que la participación en los ministerios dentro y fuera del templo es de apenas un 20 por ciento de la membresía, mientras un 80 por ciento observan.

||| Pregunte a la clase: ¿Se aplica esta estadística a nuestra iglesia? ¿Es posible que el Espíritu Santo supla las necesidades de toda la congregación cuando solo el 20 por ciento pone en práctica sus dones? ¿Cómo deberíamos ver a la iglesia: Como el lugar donde vamos a disfrutar del servicio o el lugar donde vamos porque "servimos a Dios"? |||

·····························o **Guíe a la clase a completar la actividad 2.**

Nos capacitan para servir según nuestro llamado individual

Los dones son asignados a cada persona de manera individual (1 Corintios 12:7). En 1 Corintios 12:18 dice: *"Pero ahora Dios ha colocado a los miembros en el cuerpo, a cada uno de ellos, como él quiso"*. No podemos escoger los dones, sino que Dios nos escoge para ser depositarios de ese don.

Pablo menciona más de 20 habilidades o capacidades que distribuyó el Espíritu en la iglesia de Corinto. Estos son los dones que la Iglesia de Corinto necesitaba para realizar su ministerio.

·····················o **Guíe a los alumnos para que completen la actividad 3.**

Dios en su sabiduría conoce lo que cada iglesia necesita para su servicio, tanto hacia sus miembros como a sus vecinos. Los dones también van variando según la época. En su carta a los Corintios, Pablo dice que a esta iglesia no le hacía falta ningún don (1 Corintios 1:7). También, nosotros podemos tener la confianza de que Dios nos dará todas las herramientas que necesitamos para el ministerio.

Los dones son repartidos entre todos los miembros. Cada nuevo discípulo que se incorpora a la congregación, recibe dones espirituales en el mismo momento en que nace de nuevo. Es por eso que el nuevo discípulo debe ser incorporado al discipulado lo antes posible, para que aprenda las bases de la vida cristiana, descubra sus dones y llamado. Luego necesitará ser entrenado para integrarse a los ministerios de la iglesia.

Solo si hacemos verdaderos discípulos, enseñándoles a vivir en santidad y a tomar compromiso con los ministerios de la iglesia, podremos combatir la pasividad que enfrentamos hoy en las congregaciones.

2. LOS DONES FUNCIONANDO EN LA IGLESIA

Para arrojar más luz a este tema, el apóstol compara a la iglesia con el cuerpo humano. Para Pablo la Iglesia es el cuerpo de Cristo, un cuerpo cuyo fundamento es Jesucristo, quien también le ha enviado al mundo con la misión de extender el reino de Dios, mediante la multiplicación de discípulos.

Esta ilustración nos ayuda a comprender la unidad que debe existir en la iglesia, aun en medio de su diversidad, para que pueda cumplir con el propósito para el cual fue creada. Veamos algunas enseñanzas importantes acerca de cómo usamos los dones en la iglesia.

||| Lean 1 Corintios 12:12-31. |||

a) No hay dones más importantes que otros

Aunque hay dones más visibles que otros, todos son importantes para el buen funcionmiento del cuerpo de Cristo. Hay dones que son más sencillos que otros, quizás no son tan visibles, pero son vitales para el funcionamiento de la iglesia.

║║║ Pregunte a la clase: ¿En nuestra iglesia consideramos que algunos dones son
más importantes que otros? ¿Cuáles pensamos que son
más importantes y cuáles menos importantes?
¿Está bien que hagamos estas diferencias? ¿Cómo se sienten las personas que sirven
con los dones "de menor importancia"? ¿Qué ocurriría con nuestra iglesia si nos faltaran
personas con estos dones "menos importantes"? ║║║

No hay dones mejores que otros, todos son necesarios. No hay dones mas valiosos que otros para Dios y tampoco deben serlo para la iglesia. Es por eso que no debemos menospreciar a ningún don.

Pablo dice que no hay razón para sentirse orgulloso por los dones, ya que su propósito no es hacernos sentir más que otros. Los dones nos son dados por gracia, no porque los merezcamos. La misma palabra "don" significa regalo. Los dones no deben usarse con arrogancia o vanagloria, sino con una actitud humilde. Somos siervos del Señor y de su iglesia. El orgullo y la arrogancia no vienen de Dios sino de Satanás.

b) Los ministerios en la iglesia son para realizarlos en equipo

Para que la iglesia pueda cumplir con la comisión de hacer discípulos de Cristo en todas las naciones, todos los dones tienen que trabajar coordinadamente apuntando al mismo objetivo. La iglesia es un cuerpo en misión. Cuando cada miembro usa sus dones y capacidades, la iglesia puede realizar esta misión con efectividad. La imagen del cuerpo de Cristo nos recuerda que ningún don es suficiente para cumplir con las demandas de una misión tan grande. Necesitamos trabajar coordinadamente, complementándonos los unos a los otros. De esta manera, la carga se reparte y podemos hacer un trabajo más excelente.

El problema es que usualmente en las iglesias un grupo pequeño trata de hacer el trabajo que debería hacer toda la congregación. Este grupo pequeño se siente útil, se siente realizado, se siente necesitado e imprescindible. Aunque estos hermanos y hermanas pueden tener las mejores intenciones, no es esta la idea de funcionamiento de la iglesia que nos enseña el Nuevo Testamento.

║║║ Pregunte a la clase. Podemos comparar una iglesia así con un matrimonio
que tiene 6 hijos. En este hogar la madre es la que suple las necesidades de todos.
¿Qué consecuencias para cada miembro de esta familia podemos ver en el futuro?
¿Es esta un forma saludable de distribuir las responsabilidades? ║║║

Hay consecuencias negativas en estos modelos de iglesia donde el trabajo recae sobre las espaldas de unos pocos: líderes que se agotan y enferman, hijos que se resienten con la iglesia o con Dios por privarles de la atención de sus padres, una congregación que no crece en compromiso, poca expansión de ministerio a la comunidad, entre otros. Necesitamos volver al modelo de iglesia del Nuevo Testamento, donde a cada nuevo miembro se le enseñaba a consagrar su vida en servicio al Señor.

Servir en equipos ministeriales tiene muchas ventajas. Por ejemplo:

- Nos ayuda a mantener el orgullo bajo control. Los frutos en el ministerio de un equipo, deben atribuírse al equipo y no a los dones o al esfuerzo de una sola persona (1 Corintios 12:21).

- Nos ayuda a conocernos mejor, cultivar la amistad y apoyarnos (1 Corintios 12:25).

- Nos permite conocer como somos realmente y como reaccionamos en diferentes circunstancias, para así identificar las áreas débiles de nuestro carácter, en las que necesitamos desarrollar más el fruto del Espíritu.

- Vemos a los cristianos más maduros en acción y aprendemos de su ejemplo.

Cuando servimos juntos, compartimos nuestra vida con nuestros hermanos, en lugar de solo un saludo un día de la semana. Mientras servimos juntos, discipulamos y somos discipulados. Es en medio del trabajo del ministerio donde nos edificamos unos a otros en amor (Efesios 4:1-16).

c) La práctica de un don sin amor no edifica

El problema de la iglesia de Corinto no era la falta de compromiso de la gente sino todo lo contrario. Muchos hermanos y hermanas usaban sus dones, aunque de manera desordenada, porque les hacía falta algo. A este tema dedica Pablo todo el capítulo 13, donde llega a la cuestión más importante que quiere enseñar.

||| Pida a un estudiante que lea 1 Corintios 13:1-4. |||

El apóstol comienza con una lista de los dones que el Espíritu les había dado y que eran centrales para el ministerio de la iglesia. El que pone en primer lugar, y seguramente porque era un don muy preciado para esta iglesia, es el don de hablar e interpretar lenguas extranjeras. Esta era una herramienta imprescindible para esta iglesia multicultural, sobre todo para la enseñanza y la predicación. Luego menciona los dones de sabiduría y predicación, ambos necesarios para la interpretación y exposición de la Palabra. También menciona la fe, pero no cualquier tipo de fe, sino aquella que se relaciona con milagros espectaculares. Finalmente, incluye la generosidad y la disposición al martirio.

||| Pregunte a la clase. Si trasladamos estos dones a una iglesia contemporánea tendríamos: buenos traductores, buenos predicadores, ministerio de sanidades y milagros, fuerte ministerio de compasión y personas entregadas que trabajan duro en los ministerios, aun en los lugares más difíciles y peligrosos de la ciudad… ¿Qué evaluación daríamos a esta iglesia? ¿Diríamos que sus ministerios son sólidos? ¿Qué tiene un buen equipo de liderazgo? ¿Qué tiene todo el potencial para crecer en todas dimensiones? |||

A simple vista, esta podría ser la iglesia perfecta, un pastor estaría gustoso de liderar una iglesia así. Pero lo que tiene valor para Dios no es lo que se ve, sino la intención del corazón. La Iglesia de Corinto tenía dones preciosos, muy valiosos para la misión pero no tenían lo más importante: no habían sido llenos del Fruto del Espíritu. Cuando los dones se usan sin amor no edifican. Sus ministerios carecían del poder del Espíritu Santo, el único poder capaz de restaurar y transformar las vidas de las personas a semejanza de Jesucristo.

⬦ Pida a los alumnos que completen la actividad 4.

Pablo afirma que el ejercicio de los dones tiene una condición: todo el que sirve en un ministerio para Dios necesita ser lleno del Espíritu Santo. El amor de Dios nos lleva a complementarnos, en lugar de competir los unos con los otros. Es un derroche de tiempo, recursos y energía cuando servimos pensando que por nuestra capacidad y talento la iglesia va a desarrollarse. Las iglesias se edifican sobre el amor de Jesucristo fluyendo a través de sus siervos, no sobre los talentos de un grupo de personas.

3. El amor es para siempre

En la segunda parte del capítulo 13, Pablo resalta las virtudes o cualidades del amor que es fruto del Espíritu. A este pasaje se le conoce como *Himno al amor* y es un texto que se suele leer en las bodas y aplicarlo a las relaciones de pareja. Pero, no debemos olvidar, que para Pablo el amor de Dios habitando en nuestros corazones y fluyendo de nuestra vida hacia otros, es un asunto de vital importancia en todas las áreas de nuestra vida como auténticos cristianos.

○ Pida a los estudiantes que completen la actividad 5.

En las lecciones anteriores, hemos estudiado las hermosas características del fruto del Espíritu. Pablo agrega algo más, y muy importante, acerca de este amor.

Pida a los alumnos que lean 1 Corintios 13:8-13.

El amor de Dios no tiene fecha de caducidad. Una vez que el fruto del Espíritu es derramado en nuestra vida, si lo cuidamos, permanecerá allí para siempre. Cuando entremos a la vida eterna, ya sea por la experiencia de la muerte o porque el Señor nos llevó en su Segunda Venida, lo único que nos podremos llevar será el fruto del Espíritu Santo. Pablo dice que los dones cesarán, así como todas las obras humanas cesarán.

En esta sección utilice las velas. Mientras acomoda las velas sobre la bandeja, explique que la vela grande representa el fruto del Espíritu, las velas pequeñas representan los dones. Pida ayuda a los alumnos para encender las velas y luego guíe la discusión con preguntas como estas: ¿Cuáles velas se extinguirán primero? ¿Si una de estas velas representara la duración de su vida cuál escogería?

Pablo termina este pasaje afirmando que el amor es el mayor de todos los dones que el Espíritu nos da. Los dones son importantes para el ministerio de la iglesia, pero la iglesia no puede existir ni servir al mundo sin el fruto del Espíritu.

El fruto del Espíritu debe ser nuestro bien más preciado como cristianos. Escojamos vivir la vida cristiana en el fluir del amor de Dios. Que el gozo y la paz inunden nuestra vida interior; que la paciencia, la benignidad, la bondad y la fe, sean los valores que dominen en nuestras relaciones; que la mansedumbre y la templanza sean los rasgos distintivos de nuestro carácter, así como lo fueron en nuestro Señor Jesucristo.

○ Terminen la clase siguiendo las instrucciones de la actividad 6.

Definición de términos claves

- **ADN:** Son las siglas de la molécula de ácido desoxirribonucleico, presente en el cuerpo humano. El ADN es el medio por el cual las personas heredan las características de sus antepasados, como: color de ojos, tono de voz, gestos, altura, temperamento, etc.

- **Arrogancia:** Describe la actitud altanera y soberbia de una persona que se siente más importante que los demás.

- **Carisma:** Capacidades especiales que Dios concede como regalo a sus hijos e hijas para beneficio de la iglesia y la comunidad.

- **Ostentoso:** Persona a la que le gusta llamar la atención por su apariencia o su conducta. Hace las cosas con exageración para que los demás lo vean. Le gusta demostrar o aparentar que tiene dinero o talentos especiales.

- **Indecoroso:** Malcriado, grosero, abusivo, que ofende a otros o les hace sentir avergonzados.

Resumen

En este libro hemos estudiado cada una de las cualidades del amor que es fruto del Espíritu. Hemos visto en esta lección que este fruto de amor es indispensable para el ejercicio de los dones. Todos los discípulos de Cristo somos llamados a involucrarnos activamente en el ministerio de la iglesia. El ministerio es el propósito para el cual el Padre nos da la vida, el Espíritu nos regala habilidades y Jesucristo nos llama a una tarea específica. Cuando somos obedientes y respondemos a este llamado, el Señor suple todas las necesidades de su pueblo. Sin embargo, para que nuestros ministerios den el fruto esperado por Dios, necesitamos ser llenos del Fruto del Espíritu.

Hoja de Actividades

ACTIVIDAD 1

Marque en las siguientes oraciones las que usted considera que son verdaderas con "V" y las que son falsas con "F". Luego del estudio bíblico, al final de la lección podrá revisar sus repuestas y corregir las respuestas equivocadas.

___ Un cristiano no debería usar sus dones sin el fruto del Espíritu.

___ Los dones espirituales perdurarán en la vida eterna.

___ Los dones son habilidades con las que nacemos.

___ Jesucristo nos llama a cada uno a una tarea especial en su reino.

___ En una iglesia saludable el 20 por ciento usa sus dones.

___ Sin los dones la iglesia no tiene herramientas ministeriales.

___ Hay dones más importantes que otros.

___ Todas las iglesias necesitan don de lenguas (idiomas).

___ El trabajo en equipos ministeriales nos edifica.

___ El fruto del Espíritu perdurará en la vida eterna.

ACTIVIDAD 2

Responda a las siguientes preguntas.

a. ¿Cuáles son los dones del Espíritu que ha podido identificar en su vida?

_____

_____

b. ¿Cómo poner en práctica estos dones ayudará al desarrollo integral de su iglesia? Mencione algunos ejemplos.

_____

_____

c. ¿Cómo puede el Espíritu Santo bendecir a la gente de su comunidad por medio de estos dones especiales que le ha dado? Mencione algunos ejemplos.

_____

_____

ACTIVIDAD 3

En grupos de 3 a 4 integrantes, completen en el cuadro las listas de dones que hace Pablo a diferentes iglesias en sus cartas. Luego comparen las mismas y vean si hay diferencias.

Iglesia en Corinto 1 Corintios 12:8-10	Iglesia en Efeso Efesios 4:11	Iglesia en Roma Romanos 12:6-8

ACTIVIDAD 4

A continuación se incluyen una lista de cinco dones que se practican en casi todas las congregaciones. Evalúe cada don respondiendo a las preguntas.

	Enseñanza-Predicación	Generosidad	Fe
¿Qué cualidades del amor, fruto del Espíritu, son indispensables para que este don edifique la iglesia?			
¿Cuáles son los peligros que conlleva para la iglesia el uso de este don sin amor?			
¿Qué evidencia debemos esperar de este don cuando se usa con amor?			
¿Qué dones son complementarios a este don?			

ACTIVIDAD 5

En grupos de tres a cuatro integrantes lean 1 Corintios 13:4-7. Luego verifique que las listas que se incluyen abajo estén completas. Si necesitan aclarar el significado de un término, pueden usar un diccionario o un buscador de internet.

Lo que es:

- Paciente

- Bondadoso

- Se regocija en la verdad

- Todo lo sufre (protege, cubre, pasa por alto)

- Todo lo cree (tiene fe en las personas)

- Todo lo espera

- Todo lo soporta

Lo que no es:

- No es celoso

- No es ostentoso (vanidad)

- No es arrogante (orgulloso)

- No es indecoroso (nada indecente)

- No busca lo suyo propio (egoísmo, avaricia)

- No se irrita (enojo, dureza en el trato a otros)

- No lleva cuentas del mal (de los errores de otros)

- No se goza en la injusticia (cuando a otro le va mal)

ACTIVIDAD 6

A continuación se incluyen dos listas con algunas "actitudes" que tenemos las personas cuando practicamos los dones con amor o sin amor. Evalúe su propia vida y marque aquellas actitudes que están presentes en usted. Luego escriba sus metas para poner en práctica las cualidades del amor que es Fruto del Espíritu, en su servicio a partir de hoy.

Actitudes que acompañan el uso de los dones sin amor

__ Se siente ofendido si no le agradecen por su trabajo.

__ Critica duramente a otros por sus "imperfecciones".

__ Cree que es el mejor en lo que hace.

__ Si no va a ser el líder, prefiere no trabajar.

__ Se alegra cuando otros cometen errores.

__ Se enoja si las cosas no se hacen a su manera.

__ No se esfuerza si otro se llevará el crédito.

__ Le gusta ser el centro de atención.

__ Es impaciente con las personas que cometen errores.

__ Se siente ofendido si le asignan tareas humildes.

__ Ve el ministerio como una obligación.

Actitudes que acompañan el uso de los dones en el Fruto del Espíritu

__ Tiene fe en las personas.

__ Transmite a otros los "secretos" de la práctica del don.

__ Tiene paciencia para entrenar a otros con sus dones.

__ Se alegra cuando otros perfeccionan sus dones.

__ Trabaja en equipo, valorando los dones de los demás.

__ Se complace en servir con personas más jóvenes o con menos experiencia.

__ Felicita a otros por su trabajo.

__ Sirve con alegría y entusiasmo.

__ Siente que el servir es un privilegio, no una obligación o una carga.

__ No siente pena por hacer tareas humildes.

__ Se esfuerza para hacer lo mejor para Dios.

MIS METAS:

_____

_____

_____

_____

_____

_____

Mis notas

Barclay, William (1972-1974) *Nuevo Testamento Comentado*. Juan II (volumen 6), Mateo I y II (Volumen 1 y 2) y Lucas (Volumen 4). Buenos Aires: La Aurora.

Bayley, Kenneth (2013) *Pablo a través de los ojos Mediterráneos*. Nashville, Tennessee: Grupo Nelson.

Belch, Carlos (1998). *Tesoros escondidos*. Comentario Gramatical y explicativo de Romanos, 1 Corintios y 2 Corintios. London, EUA. Publicaciones Evangélicas.

Duewel, Wesley L. (2000). *Dios te ofrece su gran salvación*. Nappanee, Indiana: Evangel Publishing House.

Kenneson, Philip (2004). *El fruto del Espíritu en la comunidad cristiana*. Buenos Aires: KAIROS.

Purkiser, W.T., Taylor, R., Taylord, W. (s/f) *Dios, Hombre y Salvación*. Kansas City, Missouri: CNP.

Schwarz, Christian (2004) *Los 3 Colores del Amor*. Barcelona: CLIE.

Semana-Tendencias. (3/3/2018) *En las manos de Dios los evangélicos conquistan las urnas en América Latina*. Consultado 9 de febrero de 2019 de: https://www.semana.com/mundo/articulo/candidatos-presidenciales-que-son-evangelicos-y-cristianos-en-america-latina/558919

Silva-Silva, D. (2005) *El fruto eterno. Pequeña semilla-árbol frondoso*. Miami, Fl: CLIE.

Wilkinson, Bruce. (1998) *La santidad personal en momentos de tentación*. Miami: Unilit.

www.ingramcontent.com/pod-product-compliance
Lightning Source LLC
Chambersburg PA
CBHW081512040426
42447CB00013B/3202